Die Stars von **BUFFY**

Eine nicht autorisierte Biographie der Darsteller
aus der TV Serie
BUFFY - IM BANN DER DÄMONEN
(BUFFY THE VAMPIRE SLAYER)

Von
Günter Sippert

Action Media Verlag
Kaufbeuren / Germany

Besuchen Sie uns im Internet:
www.action-media-group.com

Fotonachweis
Titelbild: Twentieth Century Fox
Die Quellenangabe finden Sie direkt an den Bildern. Bilder ohne Angabe stammen aus dem Privatarchiv der Autoren.
An allen Bildern bestehen Copyright Rechte. Die unerlaubte Weiterverbreitung, insbesondere im Internet, kann strafrechtliche Schritte nach sich ziehen.

Originalausgabe Oktober 2000
Copyright © 1999 Günter Sippert
Copyright © 2000 Action Media Verlag, Kaufbeuren
Alle Rechte vorbehalten.

Lithos, Satz und Gestaltung
Hürlemann, München
Druck und Bindung
Verlagsdruckerei Kessler, Bobingen

Printed in Germany

ISBN 3-928871-08-0

Die Stars von BUFFY

Danksagung

Die Arbeit an diesem Buch war keine leichte. Zuviel Bürokratie im Vorfeld, zuviel Zugeständnisse und Änderungen im Nachhinein.

Es gab eine Vielzahl von hilfreichen Assistenten, deren Arbeit für dieses Buch eine große Hilfe war.

Mein besonderer Dank gilt hier Robert Hürlemann, der trotz ständiger Änderungen, die uns von vielen Seiten aufgebürdet worden sind, eine Meisterleistung im Buchdesign abgeliefert hat.

Besonderer Dank gebührt auch Ulrich Meurer und Alexander Schantroch.

Desweiteren möchte ich Brigitte Steidle von ProSieben meinen Dank aussprechen und Ihr für den großen Einsatz und das gestellte Textmaterial danken; sowie Ruth Richter für ihre großartige Unterstützung und ihre Bereitschaft, ihr Wissen mit mir zu teilen.

Dank auch an Daniela Aulich, Roy Earle, V. Sempf, C. Roll, D. Olshan, D. Oakes, Christina Radish und Mary Loye.

Und ich möchte mich bei vielen anderen bedanken, die hier nicht namentlich genannt werden wollten.

Inhalt

Vorwort

Noch bevor der deutsche Buchmarkt überhaupt an BUFFY dachte und diese nur in den USA über die Bildschirme flimmerte, war uns klar, daß hier etwas einmaliges schlummert. Fernsehserien kommen und gehen. Viele fallen beim Publikum durch, noch mehr bei den Quoten und das Gros von ihnen erblickt nicht einmal das Leben auf der Mattscheibe, sondern lagert in irgendwelchen Kellergewölben. Im Computerzeitalter ist auch der Anspruch der Zuschauer hinsichtlich Handlungsbogen und Qualität in Bezug auf den täglichen Serienallerlei gestiegen. Ausnahme sind hier einzig die Soaps, die sich statt dessen durch eine derartige Banalität auszeichnen, die oftmals an der Intelligenz der Zuschauer zweifeln läßt. Eine Vielzahl von TV-Serien ist heute keine sinnlose Aneinanderreihung von losen Folgen mehr, sondern eher ein komplexer Handlungsbogen, der sich über ganze Staffeln hinweg erstreckt. Serien die sich, wie z.B. BABYLON 5, nicht nur durch komplexe Handlungsstränge auszeichnen, sondern bei denen auch Tabus gebrochen werden, gehört die Zukunft. BUFFY ist eine Serie mit eben solchen Attributen. Die Entwicklung der Handlung, aber auch der Darsteller, über inzwischen 4 Staffeln hinweg, hat die Zuschauer schnell in ihren Bann gezogen. Heute ist BUFFY Kult und die Einschaltquoten sind beachtlich, wobei BUFFY in den USA zu den Favoriten bei Warner Bros. Network gehört. Das der Erfolg einer Serie aber auch von den Darstellern abhängt, zeigt z.B. die Entwicklung von STAR TREK - RAUMSCHIFF VOYAGER, die im Quotentief dank dem neuen Charakter Seven of Nine (Jerri Ryan) wieder an die Spitze schoß. Mit Sarah Michelle Gellar, Charisma Carpenter und Alyson Hannigan deckt BUFFY eine große Alters- und Interessenschicht ab. Sarah, die starke selbstbewußte Kämpferin; Cordelia die unnahbar eingebildete Schönheit und die intelligente schüchterne Willow. Dabei fällt es besonders dem männlichen Publikum nicht schwer, sich für einen der klassischen Frauentypen zu entscheiden. Das ganze wird abgerundet mit den männlichen Darstellern Nicholas Brendon (Xander), David Boreanaz (Angel) und Seth Green (Oz). Für das ältere Publikum gibt es Anthony Stewart Head (Giles) und (gab es) Robia LaMorte (Jenny Calendar). Was die Handlung betrifft, so ist bei jedem Charakter eine mehr oder weniger große Entwicklungsphase zu verzeichnen, die sich angenehm auf die Serie auswirkt(e). Besonders interessant ist (war) die Bestrebung, mehrere zusätzliche Hauptpersonen einzuführen, wobei jedoch nicht das übliche Serienklischee beibehalten wird, diese nicht sterben zu lassen. So wurde mit Robia LaMorte eine neue Helferin eingeführt, die mit ihren Auftritten die Serie wie auch die Entwicklung der Charaktere, im einzelnen Giles und

Buffy, entscheidend geprägt hat. Ebenso die zweite Vampirjägerin Kendra und ab der 3. Season Faith. Auch die Auswahl der Bösen ist interessant und gelungen, wobei man sich nicht auf nur einen beschränkt hat. War es zu Beginn der Gesalbte und der Meister, folgten danach Drusilla und Spike, aber auch Angel, dessen Wandlung von Gute nach Böse, der Serie wichtige Impulse gegeben hat. Und wie es in der Medienlandschaft so ist, wird alles, was erfolgreich ist, entsprechend vermarktet und ausgeschlachtet. Wußte vor 5 Jahren noch kein Magazin etwas von Sarah Michelle Gellar oder BUFFY, so stürzen sie sich heute hemmungslos darauf. Auch der Buchmarkt wurde schnell entdeckt und immer neue Bücher auf den Markt geschmissen, um schnell und sicher von der Popularität einen gewissen Anteil abzuschöpfen. Die Gründe für unser Buch liegen da anders. Uns lag daran, nicht nur eine simple Aufzählung von Serien Episoden zu bringen, die es in unerschöpflicher Menge und Qualität im Internet gibt, oder den x-ten Lebenslauf irgendwo abzutippen.

BUFFY besteht nicht nur aus Sarah Michelle Gellar, was viele Kollegen immer allzu gern vergessen. Sicherlich ist Sarah, neben Charisma Carpenter, vom optischen Aspekt her besser geeignet für Covermotive und Titelstories, als z.B. Alyson Hannigan oder Robia LaMorte. Dementsprechend verhält es sich mit David Boreanaz und Nicholas Brendon bzw. Anthony Stewart Head. Wir wollen mit unserem Buch die Stars und Co-Stars von BUFFY würdigen. Denn sie alle zusammen tragen den Erfolg von BUFFY. Joss Whedon als kreativer Kopf ebenso wie die Darsteller vor der Kamera, die Macher hinter der Kamera und das Stunt-Team. Nur die Einheit dieses Teams und ihre Kreativität haben BUFFY zu dem gemacht, was es heute ist: KULT. Und eins steht außer Zweifel: Wenn sich die Qualität der Serie hält, wird BUFFY ihren Siegeszug um die gesamte TV-Welt antreten. Es werden noch viele Bücher zu diesem Thema folgen, was immer der Fall ist, wenn etwas erfolgreich bzw. „IN" ist. Über die Qualität solcher Werke zu diskutieren ist einzig und allein Angelegenheit des Lesers, denn er entscheidet mit seinem Kauf, was ihm gefällt.

Um den Rahmen des Buches nicht zu sprengen, haben wir uns bei der Auswahl der Stars auf diejenigen beschränkt, die mehrfach in Erscheinung traten. Wir hoffen, mit unserer Auswahl, den Geschmack der Leser getroffen zu haben und wünschen Ihnen viel Spaß beim Lesen.

Günter Sippert   Roy Earle (ehemals Co-Autor)
Kaufbeuren   Orlando

SARAH MICHELLE GELLAR

Buffy Summers führt nur auf den ersten Blick hin ein ganz normales Leben. In Wirklichkeit ist sie dazu auserwählt, den Abgesandten der Hölle entgegenzutreten. Sie ist eine Jägerin und muss sich trotz ihrer Jugend dieser schweren Aufgabe stellen.

Buffy ist das einzigste Kind von Hank und Joyce Summers und stammt eigentlich aus Los Angeles. Dort ging sie auf die Hemery High School und war eine beliebte Cheerleaderin. Ihr Leben erfuhr eine dramatische Wende, als sich ihr eines Tages ein älterer Herr namens Merrick vorstellte. Dieser Merrick bezeichnete sich selbst als Wächter und erzählte Buffy eine haarsträubende Geschichte über ihr angebliches Schicksal. Sie war damals gerade mal 14 Jahre alt und hielt nichts von solchen Geschichten. Merrick hatte seine liebe Not mit der jungen Göre, die noch nichts von Verantwortung und Pflichtgefühl wissen wollte. Buffy wollte ein ganz normales Teenagerleben führen. Nach und nach fand sie sich dann doch in die Rolle der Jägerin hinein, mehr widerstrebend als freiwillig. Ihr Auftreten ließ darauf schließen, dass sie stark war, doch unter ihrer harten Schale schlummerte ein sehr verletzlicher Kern. Während ihre Ausbildung sehr schleppend anlief, machten Vampire unter der Führung des mächtigen Lothos, bereits

ICH WEISS, WAS DU LETZTEN SOMMER ....

Jagd auf die neue Jägerin. Als Merrick getötet wurde, holte Buffy zum Großangriff aus und vernichtete die Vampire in einem finalen Showdown in der brennenden Turnhalle ihrer Schule. Dieser Vorfall führte dazu, dass Buffy die Schule verlassen musste. Sie zog daraufhin zusammen mit ihrer Mutter Joyce, die sich zwischenzeitlich scheiden ließ, nach Sunnydale. Dort wollten beide die Vergangenheit hinter sich lassen. Aber auch in Sunnydale konnte Buffy ihrer Berufung nicht entkommen. Der Schulbibliothekar Rupert Giles wurde ihr neuer Wächter. Er hatte großen Anteil an ihrer weiteren Ausbildung und ist zugleich auch väterlicher Mentor. Neue Freunde und Kampfgefährten fand Buffy in Willow Rosenberg und Xander Harris, die von ihrer Berufung zur Jägerin wussten und sie vorbehaltlos in allen Dingen unterstützen.

Der Schulalltag ließ sich nur selten mit ihrer Aufgabe als Jägerin vereinbaren, so dass es um ihre schulischen Leistungen und dem Verhältnis zu ihrer Mutter nicht gerade zum Besten bestellt war. Buffy musste schneller erwachsen werden als andere Teenager und durfte nie ein sorgloses Leben genießen. Sie musste immer stark sein und ihr eigenes Leben der Aufgabe als Jägerin unterordnen. Selbst in Liebesdingen war ihr kein normales Leben beschert worden, denn sie verliebte sich ausgerechnet in einen Vampir. Angel wurde zum großen Prüfstein im Leben von Buffy.

Gespielt wird Buffy Summers von der attraktiven und erfahrenen Schauspielerin Sarah Michelle Gellar. Sie wurde am 14. April 1977 als Sarah Michelle Gellar in New York City / USA geboren. Sie ist das einzige Kind von Rosellen und Steven Gellar.

Sarah wusste sehr früh, dass sie Schauspielerin werden wollte. Schon als Kind liebte sie es im Rampenlicht zu stehen. Im zarten Alter von vier Jahren wurde sie von einem Talentsucher entdeckt. Es waren ihre großen grünen Augen, die süße Stupsnase und ihr umwerfendes Lächeln, was den Agenten an ihr faszinierte. Das kleine Mädchen hatte genau die Ausstrahlung, nach der er

© MOVIE COLLECTION

EISKALTE ENGEL

SCREAM 2

suchte und die man nur bei geborenen Schauspielern findet.

Während Steven Gellar nicht begeistert war, seine Tochter in diesem Alter dem Rummel und Trubel der Glitzerwelt auszusetzen, war ihre Mutter begeistert von diesem Gedanken. Sie war dann auch die treibende Kraft in diesem Unternehmen, das 1981 mit einer Rolle in dem Fernsehfilm **LOVE, SIDNEY (Originaltitel: LOVE, SIDNEY)** seinen Anfang nahm. Der zweite Auftritt brachte Sarah dann auch schon riesige Publicity ein, allerdings keine gute. Es ging um einen Werbespot für die Fast Food Kette Burger King, in dem vergleichende Werbung zu einem Konkurrenzprodukt gemacht wurde. In diesem Spot, der landesweit ausgestrahlt wurde, musste sich Sarah laut Text ungünstig über die Produkte von McDonalds äußern. Die Folge waren rechtliche Schritte sowohl gegen Burger King, als auch gegen Sarah. Das Verfahren wurde aber nicht eröffnet, weil die Parteien sich außergerichtlich einigten. Und Sarah drehte knapp 30 weitere Spots für die Fast Food Kette.

Danach folgte **AN INVASION OF PRIVACY (Originaltitel: AN INVASION OF PRIVACY)**, indem sie die Tochter von Valerie Harper spielte und es in ihrem Alter äußerst eigenartig fand, eine fremde Person Mutter zu nennen. Nach einigen größeren und kleineren Rollen in Serien und Fernsehfilmen schaffte sie 1991 dann den Durchbruch mit der Fernsehserie **SWANS CROSSING (Originaltitel: SWANS CROSSING)**. Der wohl ersten reinen Teen Soap, die auf die Zielgruppe der Teens und Twens ausgerichtet worden war. Alle Hauptdarsteller waren

Teens. Die Handlung drehte sich um Kids der Unter- und Oberschicht und deren Probleme. Beim Casting zu dieser Serie musste sich Sarah gegen mehrere Bewerberinnen durchsetzen, gewann aber schließlich und erhielt die Rolle der Sydney Orion Rutledge, der verwöhnten Erbin einer der reichsten Familien der Stadt. Durch die Mitwirkung in dieser Serie schnellte Sarah bald schon in der Bekanntheitsskala nach oben. In diesem Jahr bekam Sarah auch ihre bis dahin größte TV-Rolle in **DAS SCHICKSAL DER JACKIE O.** (Originaltitel: **A WOMAN NAMED JACKIE**). Dort spielte sie, als eine von drei Schauspielerinnen, die junge Jackie Onassis als Teenager, war aber nur in wenigen Passagen zu sehen.

Aufgrund der Tatsache das Sarah bereits im Alter von vier Jahren ins Filmgeschäft einstieg, war es für sie nicht möglich, an einer geregelten Schulausbildung teilzunehmen. Ihre Mutter, eine ausgebildete Lehrerin, übernahm hin und wieder diesen Part. Ansonsten besuchte sie exklusive Privatschulen, wie die Columbia Privat School und die LaGuardia Junior High School. Es war nicht leicht für sie, denn sie fehlte an mehr Tagen, als die meisten Schüler zusammen. Außerdem

EISKALTE ENGEL

hatte sie immer die Entscheidung zu treffen, ob sie lieber mit anderen Kindern zum Spielen ging oder zu Vorsprechterminen, um ihre Karriere voranzutreiben. Sarahs beste Freundin zu dieser Zeit war ihre

© MOVIE COLLECTION

Mutter. Obwohl Rosellen Gellar als Lehrerin in einer Vorschule arbeitete, war sie immer für ihre Tochter da. Sie begleitete Sarah, sowohl körperlich als auch emotional, überall hin. Sie war alles andere als eine Karriere Mutter und sah immer zu, dass ihre Tochter mit den normalen Dingen ihres Alters befasst war.

Sarahs Leben wandelte sich zum Besten, als sie die High School mitten drin wechselte, und in die New York Citys Professional Children`s School ging. Alles in allem blieb Sarah nur zwei Jahre auf der High School, denn sie bewältigte zwei Jahre in einem Schuljahr. Ihre harte Arbeit zahlte sich aus und 1994 konnte sie erfolgreich ihren High School Abschluss begehen.

Ein Jahr zuvor, 1993, konnte Sarah ihrer Karriere einen gewaltigen Schub geben. Die TV-Serie **ALL MY CHILDREN (Originaltitel: ALL MY CHILDREN)** sorgte dafür, dass sich Sarah Gellar endgültig als Topstar in der Fernseh Szene etablieren konnte. Die Rolle der Kendall Hart war eine Herausforderung ohnegleichen. Zum einen spielte sie an der Seite des Fernseh Topstars Susan Lucci und zum anderen bot ihre Rolle ein unglaubliches Entwicklungspotential. Sarah spielte ihre Rolle sehr überzeugend, hatte aber auch Probleme damit, die einzigste Darstellerin unter 18 Jahren am Set zu sein. Die Arbeit an dieser Serie hat aus Sarah einen Profi gemacht. Neben den täglichen Aufnahmemarathons und bis zu 40 Textseiten pro Tag, hatte sie sogar ihren High School Abschluss vorbereitet und erfolgreich bestanden. **ALL MY CHILDREN** sorgte auch dafür, dass sie ihre erste Nominierung für einen Filmpreis erhielt. 1994 wurde sie als beste Nachwuchsdarstellerin für den Emmy nominiert und konnte ihn bei ihrer zweiten Nominierung 1995 dann auch gewinnen. In diesem Jahr, fast drei Jahre nachdem Sarah die Serie **ALL MY CHILDREN** begonnen hatte, war ihre Freude an der Arbeit vergangen. Die Erfüllung ihrer Kreativität in der Rolle war plötzlich nicht mehr gegeben. Noch schlimmer wog jedoch eine Sperrklausel in ihrem Vertrag, der es ihr verbot andere Rollen anzunehmen. Sie hatte deswegen den Produzenten, sechs Monate bevor sie den Emmy bekam, mitgeteilt, dass sie aus der Serie aussteigen

© MOVIE COLLECTION

werde.

Nachdem Sarah **ALL MY CHILD-REN** den Rücken zugekehrt hatte, zog sie von New York nach Kalifornien. Dort spielte sie in dem Fernsehfilm **BEVERLY HILLS FAMILY ROBINSON (Original-titel: BEVERLY HILLS FAMILY ROBINSON)** mit, der 1996 gedreht wurde. Und dann kam die Rolle, auf die sie immer gewartet hatte: **BUFFY**.

Anfang 1996 hatte Joss Whedon einen Deal mit Warner Bros. Network geschlossen, aus seinem Kinofilm **BUFFY THE VAMPIRE SLAYER (Originaltitel: BUFFY THE VAMPIRE SLAYER)** eine Fernsehserie zu machen. Whedons Version der Fernseh Buffy ging in eine vollkommen andere Richtung als der erfolglose Kinofilm. Er hatte die Intention, dass Buffy mehr Biss haben musste und eine gewaltige Girl-Power an den Tag legen sollte. Er wollte ihr mehr Tiefgang geben, als der heroischen Schönheit des Filmes. Und er wollte ein Idol für das Jahrtausend. Als 1993 das Video zum **BUFFY** Kinofilm herauskam, gab es bereits den ersten Kontakt von Sarah zu Joss Whedon. Sie hatte ihm ständig irgendwelche Passage aus der Serie in der besten Buffy Sprache geschickt. Als sie dann 1996 Gerüchte hörte, dass es Pläne für eine Fernsehserie gab, machte sich Sarah daran die Rolle zu „erobern". Die Produzenten von **BUFFY** waren jedoch überzeugt, dass Sarah eine bessere Cordelia Chase abgab, als eine Buffy Summers. Sie hatten ihre Rolle als Kendall Hart im Gedächtnis, und die war vom Umfeld her bestens geeignet für die arrogante Cordelia. Aber Sarah wollte um jeden Preis Buffy spielen und ließ nicht locker. In einem Interview gab sie einmal zu, dass sie für eine gute Rolle nichts unversucht ließ und hart darum kämpfte.

Einer der Gründe weshalb sie so wild darauf war, die Rolle der Buffy zu bekommen war, weil ihr das Girl Power Image sehr gut gefiel und sie sich damit identifizieren konnte. Buffy ist kein Charakter, der alle in den Hintern tritt, sondern ein sehr emotioneller facettenreicher Part. Sie passt in kein Schema. Sie weiß noch nicht einmal, ob sie Cheerleader oder Vampirjäger sein will. Das ist es, was sie so glaubhaft und inter-

EINFACH UNWIDERSTEHLICH

ICH WEISS, WAS DU ....

EINFACH UNWIDERSTEHLICH

essant macht. Buffy ist eine Persönlichkeit, die verloren ist und nicht weiß wo sie hingehört. Und das kann man als Zuschauer völlig nachvollziehen.

Sarah gefiel Buffys Charakter. Sie wollte schon immer einen starken feministischen Charakter spielen, der nicht frei von Fehlern ist. Buffy hat einen erstaunlichen Geist und findet in allem etwas positives. Was die Serie vermitteln soll, ist die Individualität der Person. Vor allem aber konnte sich Sarah mit Buffy identifizieren. Auch sie musste sich ständig entscheiden, ob sie der Schule oder ihrer Berufung als Jägerin mehr Zeit einräumte. Während Sarahs gesamter Schulzeit musste sie ständig selbiges tun. Sie konnte also Buffys Dilemma sehr gut verstehen und nachvollziehen, vielleicht besser, als jede andere Darstellerin. Letztendlich konnte Sarah Michelle Gellar alle Zweifel beseitigen und die Rolle der Buffy Summers gewinnen. Ihr Stern am Fernsehhimmel sollte mit dieser Rolle so hell wie eine Sonne strahlen. **BUFFY - IM BANN DER DÄMONEN** war das Katapult in den Starhimmel.

Der Beginn der Ausstrahlung war für September 1996 geplant. Und somit war es klar, dass die Crew und die Darsteller eine Nonstop Arbeit vor sich hatten. Man wollte sicherstellen, dass mindestens 13 Folgen vor der Erstausstrahlung im Kasten waren. Das bedeutete 18 Stunden Tage, sieben Tage die Woche. Man brauchte trotzdem fast ein Jahr um diese Vorgabe zu erfüllen. Nach Abschluss dieser Wahnsinnsarbeit gab es nur noch eins zu tun, abwarten. Im

SARAH M. GELLAR MIT FREDDIE PRINZE JR.

September 1996 begann das TV Herbstprogramm. Aber nirgends tauchte **BUFFY** auf. Die Erstausstrahlung erfolgte dann erst im März 1997 und man hatte die Vorgaben bis dahin voll erfüllt und an der Serie gute Arbeit geleistet. Aber die Serie hatte einen schlechten Start. Fast alle TV-Kritiker stürzten sich auf sie und die Einschaltquoten waren mehr als gering. Durch Mundpropaganda wuchs die Zahl der Zuschauer dann aber nach und nach kontinuierlich an. Am Anfang

EINFACH UNWIDERSTEHLICH

waren die Zuschauer noch nicht reif dafür, oder vielleicht auch nicht alt genug. Die Zuschauerquoten stiegen und der Boom im Internet war auch nicht aufzuhalten. Während der Saison konnte die Zuschauer- und Einschaltquote auf über 217% des Anfangstadiums gesteigert werden. Es wurden aber noch kleine Änderungen vorgenommen, um den Erfolg der Serie zu manifestieren. Vor allem machte man den Titel etwas einprägsamer, einfach nur **BUFFY**. Auch die Sendezeit wurde im Januar 1998 geändert. **BUFFY** wurde aus dem Montag-abendprogramm herausgenommen und ins Dienstagsprogramm gesetzt.

Sarah hatte es nun geschafft. Nach der 2. Staffel war **BUFFY** bereits ein Hit und die Serie wurde zum erfolgreichsten Format des Warner Bros. Network. Zwischenzeitlich geht die Serie bereits in die 5. Staffel und Sarah hat einen Vertrag für zwei weitere Jahre unterschrieben.

Im Gegensatz zu ihrer Arbeit bei **ALL MY CHILDREN** erlaubt es ihr Vertrag inzwischen, dass sie auch nebenbei für andere Projekte ver-pflichtet werden darf. So hat sich Sarah neben ihrer Rolle als Vampirjägerin auch auf die Rolle der Scream Queen im Kino festlegen lassen. In dem Horrorfilm **SCREAM 2 (Originaltitel: SCREAM 2)** hatte sie einen Kurzauftritt als CiCi Cooper und durfte unter der Regie des Horrormeisters Wes Craven ihr Filmleben aushauchen. Danach über-nahm sie eine Hauptrolle in einem weiteren Horrorfilm, der auf dem

SCREAM 2

Erfolg der **SCREAM** Welle mitzuschwimmen versuchte. In **ICH WEISS, WAS DU LETZTEN SOMMER GETAN HAST (Originaltitel: I KNOW WHAT YOU DID LAST SUMMER)** überzeugte sie mit einer eindrucksvollen Darbietung als Helen Shivers. Auch in diesem Film ereilte sie der Filmtod, doch diesmal hatte sie weitaus mehr Gelegenheit ihre Rolle auszubauen und ihre Leinwandpräsenz deutlich verlängert. Um nicht nur auf das Horror-Genre festgelegt zu werden, entschloss sich Sarah für einen Wandel bei ihrer Rollenauswahl. Die Drehpause von **BUFFY** nutzte sie 1998 dann dazu, auf einem völlig neuen Gebiet Erfahrung zu sammeln. Diesmal trat sie nicht als Darstellerin in Aktion, sondern nur stimmlich. Als Sprecherin der Gwendy Doll in **SMALL SOLDIERS (Originaltitel: SMALL SOLDIERS)** und als Andromeda in **HERCULES (Originaltitel: DISNEYS HERCULES)**.

Nach Ende der 3. Staffel von **BUFFY - IM BANN DER DÄMONEN** gab Sarah 1999 dann richtig Gas hinsichtlich ihrer Kinokarriere.

Zuerst spielte sie ohne Nennung in der Besetzungsliste eine Minirolle in der Komödie **EINE WIE KEINE (Originaltitel: SHE`S ALL THAT)**, wo sie in einer Szene in der Cafeteria zu sehen war. Des weiteren folgte die Hauptrolle in der Komödie **EINFACH UNWIDERSTEHLICH (Originaltitel: SIMPLY IRRESISTIBLE)** an der Seite von Sean Patrick Flanery. Und schließlich der Kult-Klassiker **EISKALTE ENGEL (Originaltitel: CRUEL INTENTIONS)** mit dem sie sich nun auch im Kino eine große Fangemeinde erobert hat. Hier konnte Sarah auch mal so richtig sexy sein und die Herzen ihrer männlichen Fans schlugen beim Anblick ihrer Garderobe und Auftritte höher als in jedem anderen Film von ihr. Für die Kussszene mit ihrer Filmpartnerin Selma Blair wurde sie sogar mit dem MTV Movie Award 2000 ausgezeichnet, sowie als beste Darstellerin.

Sarah hat, wie auch alle anderen Stars aus **BUFFY**, eine Mauer zwischen ihrem Privatleben und der Öffentlichkeit aufgebaut. Sie sagte in einem Interview: „Mein Privatleben ist mir heilig." Diesen Wunsch respektiert auch das Kapitel in diesem Buch.

Sarah Michelle Gellar hat es geschafft. Sie ist inzwischen sowohl im Kino als auch im Fernsehen ein Star mit wachsender Fangemeinde. Vor kurzem unterschrieb sie Verträge für zwei neue Filme und es wird auf jeden Fall ein Wiedersehen mit ihr geben. Während in den USA die 4. Staffel von **BUFFY** bereits ausläuft und Ende Juli die Dreharbeiten für die 5. Staffel beginnen, werden sich die deutschen Fans noch bis 2001 gedulden müssen, um in den Genuss der 4. Staffel zu kommen. Diese wird wieder mit einigen interessanten Wendungen, neuen Charakteren und einer atemberaubenden Sarah Michelle Gellar aufwarten.

Filmographie

F I L M E

2001 **Harvard Man**
(Original: Harvard Man)

The It Girl
(Original: The It Girl)

1999 **Eiskalte Engel**
(Original: Cruel Intentions)
Rolle: Kathryn Merteuil

Einfach unwiderstehlich
(Original: Simply Irresistible)
Rolle: Amanda Shelton

Eine wie keine
(Original: She´s All That)
Rolle: Mädchen in Cafeteria

1998 **Hercules (Disney Zeichentrickfilm)**
(Original: Hercules)
Rolle: Stimme von Andromeda

Small Soldiers
(Original: Small Soldiers)
Rolle: Stimme von Gwendy Doll

1997 **Scream 2**
(Original: Scream 2)   Rolle: Casey „CiCi" Cooper

Ich weiß was du letzten Sommer getan hast
(Original: I Know What You Did Last Summer)   Rolle: Helen Shivers

1989 **Death Strip**
(Original: High Stakes)   Rolle: Karen Rose

1988 **Funny Farm**
(Original: Funny Farm)   Rolle: Schülerin

1984   **Over The Brooklyn Bridge**
(Original: Over The Brooklyn Bridge)   Rolle: Phil´s Tochter

FERNSEHEN

2001   **Buffy - Im Bann der Dämonen**
(Original: Buffy The Vampire Slayer)
5. Staffel
Rolle in allen Folgen: Buffy Summers - Stammbesetzung

2000   **Angel**
(Original: Angel)
1. Staffel
Folge: **City Of**   Rolle: Buffy Summers
Folge: **I Will Remember You**   Rolle: Buffy Summers
Folge: **Sanctuary**   Rolle: Buffy Sommers

Buffy - Im Bann der Dämonen
(Original: Buffy The Vampire Slayer)
4. Staffel
Rolle in allen Folgen: Buffy Summers - Stammbesetzung

1999   **Buffy - Im Bann der Dämonen**
(Original: Buffy The Vampire Slayer)
3. Staffel
Rolle in allen Folgen: Buffy Summers - Stammbesetzung

1998   **Buffy - Im Bann der Dämonen**
(Original: Buffy The Vampire Slayer)
2. Staffel
Rolle in allen Folgen: Buffy Summers - Stammbesetzung

King Of The Hill
(Original: King Of The Hill)   Rolle: Stimme von Marie

1997   **Buffy - Im Bann der Dämonen**
(Original: Buffy The Vampire Slayer)
1. Staffel
Rolle in allen Folgen: Buffy Summers - Stammbesetzung

Beverly Hills Family Robinson
(Original: Beverly Hills Family Robinson)   Rolle: Jane Robinson

| 1995 | **All My Children** | |
| | (Original: All My Children) | Rolle: Kendall Hart |

| 1994 | **All My Children** | |
| | (Original: All My Children) | Rolle: Kendall Hart |

| 1993 | **All My Children** | |
| | (Original: All My Children) | Rolle: Kendall Hart |

| 1992 | **Swans Crossing** | |
| | (Original: Swans Crossing) | Rolle: Sydney Rutledge |

| 1991 | **Das Schicksal der Jackie O.** | |
| | (Original: A Woman Named Jackie) | Rolle: Die junge Jacqueline Bouvier |

| 1986 | **Crossbow** | |
| | (Original: Crossbow) | Rolle: Sara Guidotti |

1985	**Spenser**	
	(Original: Spenser: For Hire)	
	Folge: **Dynamit und Machenschaften**	
	(Original: Company Man)	Rolle: Emily

| 1983 | **An Invasion Of Privacy** | |
| | (Original: An Invasion Of Privacy) | Rolle: Jennifer Bianchi |

| 1981 | **Love, Sidney** | |
| | (Original: Love, Sidney) | Rolle: Gail Hunnicutt |

Der 242 Jahre alte Angel wurde als mysteriöser Schatten hinter Buffy Sommers in die Serie eingeführt. Es dauerte sehr lange, bis man mehr über ihn erfuhr. Angel wurde 1755 in Irland geboren. Sein Leben erfüllte damals keinen besonderen Zweck und er war mehr Rumtreiber und Säufer, als irgendetwas anderes. Eines Tages schaukelte er wieder einmal volltrunken durch die Straßen, als er von einer betörenden Schönheit namens Darla gebissen und dadurch zu einem Vampir wurde. Hatte er als Sterblicher seine Heimat nie verlassen, so bereiste er als Vampir die Welt, vorzugsweise Europa. Im Jahr 1860 traf er Drusilla. Angel tötete ihre gesamte Familie, trieb sie in den Wahnsinn und machte sie schließlich zu einem Vampir. Eine entscheidende Wende im Leben von Angel stellte das Jahr 1898 dar, in dem er in Rumänien die Tochter einer Zigeunersippe tötete, woraufhin er mit einem Fluch belegt wurde. Die Zigeuner gaben ihm seine Seele zurück und fortan musste er unter den Taten seiner Vampirlaufbahn leiden. In den 1990er Jahren landete er in New York City, wo er auf einen Mann namens Whistler traf, der ihn nach Los Angeles mitnahm. Dort zeigte er Angel ein junges Mädchen, das sein Leben verändern sollte - Buffy Sommers. Angel beschloss Buffy, die eine Jägerin war, zu helfen. Im Verlauf der Ereignisse entwickelte sich dann eine starke Liebe zwischen ihm und Buffy, und der Nachtgänger wurde ein starker Verbündeter im Kampf gegen das Böse. Als die beiden miteinander schliefen, verlor Angel seine Seele und wurde wieder zum herzlosen Vampir. Angelus, wie Angel in dunklen Kreisen hieß, rächte sich fürchterlich an Buffy und ihren Freunden. Sein erstes Opfer wurde Jenny Calendar, die er in der Sunnydale High School auf brutale Weise tötete. Später gelang es Willow durch einen Zauberspruch Angel wieder eine Seele zu verschaffen. Aber es war zu spät, um die Dinge aufzuhalten, die Angelus ins Rollen gebracht hatte. In seinem Vernichtungswahn hatte er zwischenzeitlich den Dämon Acathla beschworen, der die Welt in eine Hölle verwandeln wollte. Um das zu verhindern, musste Buffy ihre große Liebe töten und Angel wurde in die Hölle hinab gezogen. Monate später tauchte er wieder auf, und nach einer langen Phase der gegenseitigen Distanz fanden er und Buffy wieder zu ihrer Liebe zurück. Aber letztendlich erkannte Angel die Aussichtslosigkeit dieser Liebe. Er verließ Sunnydale und Buffy, um in Los Angeles ein „neues" Leben zu beginnen.

Gespielt wird Angel von David Boreanaz. Er wurde am 16. Mai 1971 in Buffalo/New York, USA als jüngstes Kind der Familie Boreanaz geboren. Er hat noch zwei ältere Schwestern, Bo und Beth. Sein Vater

war Entertainer, der unter dem Künstlernamen Dave Roberts in Clubs und Theatern auftrat. Die große Leidenschaft von Roberts war es, Leute zu unterhalten. Eine Passion die David später von ihm übernahm, denn er wollte unbedingt in die Fußstapfen seines Vaters treten. Dave Roberts arbeitet seit über 35 Jahren für das Fernsehen und ist für den Sender WPVI in Philadelphia als Ansager für die Wetternachrichten tätig.

Während der Vater früher als Entertainer auf Tour war, kümmerte sich seine Mutter Patti zu Hause um die Familie. Für die Kinder war, durch den Beruf ihres Vaters, dass Showbusiness etwas ganz alltägliches.

Der Wunsch Schauspieler zu werden keimte in David bereits im Alter von vier Jahren auf. Seine Anfänge beschränkten sich zu dieser Zeit auf kleine Theaterstücke, die er im Kreis der Familie aufführte. Was man damals noch als Spielerei abtun konnte, festigte sich dann im Alter von sieben Jahren. Als er zusammen mit seinen Eltern eine Aufführung des Musicals **DER KÖNIG UND ICH (Originaltitel: THE KING AND I)** mit Yul Brynner in der Titelrolle des König von Siam sah, war aus seiner Intention Schauspieler zu werden, ein Lebensziel geworden. Von da an wollte er auch nur noch Musicals und Theaterstücke sehen. Doch noch war es zu früh, sich an die Realisierung dieses Zieles zu machen. Seine Eltern hatten ausreichend Erfahrung in der Entertainment Branche und wollten eines mit Sicherheit nicht: das David sich auf die Suche nach den heißbegehrten Kinderrollen machte oder in Werbespots sein Konterfei darbot. Sie wollten ihrem Sohn eine unbeschwerte und glückliche Kindheit bieten. Auf gar keinen Fall sollte er sich dem gnadenlosen Showbusiness aussetzen, nicht in diesem Alter. Das hieß allerdings nicht, dass sie es David verboten oder gar auszureden versuchten. Dave Roberts hatte seine Kinder immer dazu ermutigt, ihren eigenen Weg zu gehen. Doch verstand er es auch, sie dafür zu sensibilisieren, dass sie das mit einer notwendigen Portion an Überlegung und Verständnis taten.

So blieb in dem siebenjährigen David, der hier noch blonde lockige Haare hatte, der Wunsch präsent, während er weiter das sorglose Leben eines Kindes führen konnte.

Wie sehr die Kinder ihnen am Herzen lagen, spiegelte sich auch in der Tatsache wieder, dass Dave und Patti sie nicht auf eine öffentliche Schule schickten. Sie wollten ihnen den bestmöglichsten Start ins Leben geben, und das hieß natürlich auch die beste Ausbildung. Also gingen die Kinder allesamt auf renommierte Privatschulen. Für David wurde die Malvern Preparatory School (kurz „Prep") ausgewählt, die bekannteste in Philadelphia und der ein nationaler Ruf vorauseilte. Dort hätte David auch an Schulaufführungen teilnehmen können, was er jedoch nicht tat. Stattdessen entdeckte er eine andere große

Leidenschaft: Football. Der Entschluss, in ein Team einzutreten war auch nicht sonderlich schwer, denn David war aufgrund seiner Größe und Stärke regelrecht prädestiniert dafür. Also wurde er zuerst einmal ein überaus erfolgreicher Footballspieler, der als Wide Receiver und Defensive Back zum Einsatz kam. Das hieß aber nicht, dass er deswegen seine Liebe zum Theater plötzlich verloren hatte.

Die Malvern Prep School war bekannt für ihre gute Ausbildung und herausragende Vorbereitung auf das College.

Während seiner Schulzeit gehörte David auch einer Clique an, schon allein deswegen, weil er Footballspieler war. Es war eben auch hier so, dass man nur als cool galt, wenn man einer Clique angehörte und von allen bewundert wurde. David bemerkte einmal in einem Interview, dass ihn so etwas jedoch nie sonderlich gekümmert hat. In der Schule war David aufgrund des Berufes seines Vaters auch fast schon eine Attraktion gewesen, denn hier hatte niemand einen Vater, der beim Fernsehen arbeitete.

Trotz seiner Liebe zum Football, er träumte damals sogar von einer Profikarriere, stand die Schule immer im Vordergrund. Bis zu seinem Junior Year arbeitete er hart und war ein erfolgreicher Schüler. Es war dann auch der Sport, der seine Karriereträume platzen ließ. Bei einem Sprung verletzte er sich schwer am Knie und musste das Football spie-

len aufgeben. David war danach am Boden zerstört, aber er gab nicht auf. Da die Sportkarriere nicht mehr zu realisieren war, widmete er sich seiner zweiten Leidenschaft, der Schauspielerei. Seine Liebe zum Theater war etwas, was er lange Zeit für sich behielt. Vielleicht aus Angst davor ausgelacht zu werden.

An der Schule gab es viele Fächer, die David für ein Collegestudium in Erwägung ziehen konnte. Er war sehr klug, beliebt und hatte sich eine ausgezeichnete Wissensgrundlage geschaffen. Seine Noten waren während der gesamten Schulzeit auf der Malvern Prep gut und in den Prüfungen erzielte er stets hohe Punktzahlen.

Da die Aussicht auf ein Football Stipendium aufgrund seiner Verletzung nicht mehr gegeben war, konnte er sich bei seiner Wahl des Studienfaches frei entscheiden. David wollte nur ein Fach studieren, das ihn auch wirklich interessierte. Seine Entscheidung fiel dann auch nicht überraschend aus: er wollte Film studieren.

Seine ursprüngliche Intention lief auf den Bereich Produktion hinaus. Er hatte eine Vorliebe für die Arbeit hinter der Kamera, den ganzen Prozess der Vorbereitung und Herstellung von Kino- und Fernsehfilmen. Eine Arbeit vor der Kamera konnte er sich zu diesem Zeitpunkt noch nicht vorstellen. Sicherlich spielten auch seine Schwestern bei der Wahl des Studienfaches eine Rolle, denn beide arbeiten im Produktionsbereich. Seine ältere Schwester Bo ist Kostümbildnerin und hat an Filmen wie **DUELL DER MEISTER (Originaltitel: BY THE SWORD)** und **STARGATE (Originaltitel: STAR-GATE)** mitgearbeitet. Beth ist im Produktionsbereich beim Fernsehen tätig. Da war es nur logisch, dass auch David sich in diesem Bereich heimisch fühlte.

Zu jener Zeit hatte er nicht die geringste Vorstellung von einer Schauspielkarriere im Kopf gehabt, um sich damit seinen Lebensunterhalt zu verdienen. Er wusste nur zu gut, worauf das hinauslaufen würde. Es gibt in den USA immerhin über 30.000 arbeitslose Schauspieler, die von allen möglichen Jobs leben, nur nicht von der Schauspielerei.

1987 legte David seine Abschlussprüfung an der Malvern Prep ab. Inzwischen war aus ihm ein gutaussehender Junge geworden. Er hatte zwar noch nicht ganz das Gesicht mit den heutigen Qualitäten, sein Haar war damals auch noch lockig, aber der Ansatz war bereits vorhanden.

Dann ging es von Philadelphia auf nach New York an das Ithaca College, einer teuren Privatschule, die für ihre Theatergruppe bekannt ist, was für ihn ausschlaggebend war. David hatte sich hier um einen Studienplatz beworben, und man war hoch erfreut einen so guten Schüler wie ihn aufzunehmen. Während seiner vierjährigen Ausbildung

war er dort in einigen College Theaterproduktionen zu sehen.

Wie schon in seiner High School Zeit fiel David auch am College aus der Rolle der bekannten Verhaltensweisen. Er hing in seiner Freizeit nicht auf Parties und dergleichen herum. Die bekannten College Exzesse waren ihm von Natur aus zuwider. David verstand sehr gut, dass seine Eltern eine Menge Geld für seine Ausbildung ausgaben, und er wollte ihnen dafür den vollen Gegenwert geben. Er schloss allerdings Freundschaften und hatte auch Interesse an Mädchen, aber für die meisten blieb er eine anonyme Person auf dem Campus.

Als Jugendlicher hatte David nie gegen seine Eltern rebelliert, denn er hatte das Glück, dass sie sehr aufgeschlossen waren. Sie ermutigten ihn immer, dass zu tun was er wollte, anstelle sich nur gedankenlos anzupassen. Und sie unterstützen ihn in all seinen Entscheidungen. Demnach stand er stets mit beiden Beinen auf dem Boden der Tatsachen und hatte eine klare Vorstellung davon, was er im Leben erreichen wollte. Zudem wusste er auch, dass es viel harte Arbeit erfordern würde, um sein Ziel zu erreichen.

Das College war für ihn ein Ort zum Lernen und Studieren. Die Chance mehr über das Thema Film zu erfahren und die Möglichkeit, sich selbst besser kennenzulernen. Es war eine Einstellung, die bei den Mädchen am College nicht sonderlich gern gesehen war. Immerhin hatte David zu dieser Zeit schon sein gutes Aussehen, was seit **BUFFY** sein Markenzeichen ist, und die Mädchen schwärmten für ihn.

Vor seinem College Abschluss 1991 setzte er sich mit seinen Eltern zusammen und diskutierte mit ihnen seine weiteren Pläne. Die Entscheidung fiel auf Kalifornien und gleich nach dem Abschluss packte David seine Koffer. Zusammen mit seinem Vater fuhr er eine Woche lang quer durch das Land, um eine Anstellung in einem Produktionsteam zu finden. Als sein Vater sicher war, dass David in Los Angeles nicht verhungern würde oder sich heimatlos fühlen würde, kehrte er nach Philadelphia zurück.

Hollywood hatte David nicht mit offenen Armen empfangen und es dauerte immerhin einige Wochen, bis er einen Job bei Dreharbeiten für einen Werbespot fand. Als er dann auf dem Set zur Arbeit antrat, wollte niemand mehr etwas von seinem eigentlichen Job wissen. Der Regisseur und die Werbeagentur wollten ihn statt dessen als Darsteller vor der Kamera haben. Und da es dafür mehr Geld gab, als für den Job hinter den Kulissen, war David einverstanden damit. So kam David Boreanaz zu seinem ersten Filmjob, bei dem es sich um einen Werbespot für „Fosters Bier" handelte. Der Spot wurde im Nachhinein jedoch nie ausgestrahlt, weil er dem Auftraggeber nicht zusagte.

Als Kind hatte er für seine Familie gespielt und jetzt war der

Schauspieler David Boreanaz zu neuem Leben erwacht. Es war ein weiter Weg dorthin, vom siebenjährigen Kind hin zum 22jährigen Mann. Er war jetzt zum Schauspieler berufen worden und das bedeutete, dass er noch mehr über diese Arbeit lernen musste. Dies tat er in Form von Büchern. Zur selben Zeit wurde ihm aber auch klar, dass es wenig nützte, wenn er talentiert war, aber niemand wusste, dass es ihn gab. Er musste also auf sich aufmerksam machen. Zu dieser Zeit hatte David noch keinen Agenten, der ihn vertrat und so trieb er sich auf Studiogeländen herum. Es war eine harte Zeit für ihn. Man musste essen und die Miete bezahlen, aber die Schauspieljobs ließen auf sich warten. Also verdiente er sich seinen Lebensunterhalt damit, Häuser zu streichen, Autos zu parken und in Fitness-Studios Handtücher auszugeben. Sein engster Berührungspunkt zum Showbusiness war ein Job in einer Requisiten Kammer eines großen Studios. David gibt zu, dass es eine Menge Entschlossenheit erforderte, um seine Schauspielerkarriere in die Gänge zu bekommen, sowie eine Menge Geduld.

Langsam trugen seine zahlreichen Vorsprechtermine Früchte und er bekam vermehrt Jobs für Werbespots und sogar einen Part im Background Chor für ein Musikvideo. Außerdem trat er in den Fernsehfilmen **MEN DON´T LIE** und **EYES OF THE WORLD** (wurden nie ausgestrahlt) auf, tauchte aber nicht in der Besetzungsliste auf. In den Kinofilmen **ZWEI ASSE IM SCHNEE (Originaltitel: Aspen Extreme)** und **DER UNBESIEGBARE - BEST OF THE BEST II (Originaltitel: BEST OF THE BEST II)** waren seine Auftritte ebenfalls keine Nennung in der Besetzungsliste wert. Der erste Auftritt mit Nennung im Credit war in der TV-Serie **EINE SCHRECKLICH NETTE FAMILIE (Originaltitel: MARRIED...WITH CHILDREN)** für die Folge **DIE BUNDYS IM KINO (Originaltitel: MOVIE SHOW)**. Hier spielte er Frank, den Freund von Kelly Bundy. Die Arbeit daran war fast wie Theaterspielen, den die Folge wurde real vor Livepublikum aufgenommen.

David war sich währenddessen bewusst, dass es wenig Sinn hatte in Filmen aufzutreten, die keine Nennung auf der Besetzungsliste mit sich brachten. So würde nie jemand auf ihn aufmerksam werden, zumal er noch immer keinen Agenten hatte.

Um seine Fähigkeiten als Schauspieler zu verbessern suchte er sich Theaterarbeiten, während er weiterhin auf die passende Film- oder TV Rolle wartete, die ihm zum Durchbruch verhalf. Los Angeles ist zwar keine Theaterstadt, im Gegensatz zu New York, aber sie bot dennoch ein paar wenige Gelegenheiten für David an Rollen zu kommen. Und mit jeder Rolle, bei der er in der Besetzungsliste auftauchte, konnte er seinen Lebenslauf erweitern. So spielte er 1994 am Ensemble Theater in dem Stück **HATFUL OF RAIN**, und an der Gardner Stage

1995 in **ITALIAN-AMERICAN RECONCILIATION** und 1996 in **FOOL FOR LOVE**. David hatte sich immer sehr gut auf seine Bühnenauftritte vorbereitet, denn er dachte sich, dass vielleicht einmal ein Agent oder Regisseur im Publikum sitzen könnte. Die Theaterarbeit verbesserte darüber hinaus auch seine Fertigkeiten und Sicherheit als Schauspieler. Er hatte für das Rollenstudium seine eigenen Techniken entwickelt, über die er ungern spricht. Einige Dinge musste er für sich behalten, und das war wichtig. Eine Sache bleibt ohne Zweifel - er war ein Naturtalent. Er besitzt das gewisse Etwas, dass man entweder hat oder nicht, aber niemals lernen kann. Und die Schauspielerei fühlte sich für ihn einfach richtig an. Es war das, wofür er bestimmt war. Wenn es eine Schwierigkeit gab, dann war es die, dass es einfach nicht genügend Stücke gab, in denen er mitwirken konnte. Wenn er sich wirklich dem Theater hätte widmen wollen, wäre New York die geeignetere Stadt gewesen. Da er aber in Los Angeles war, schienen seine wirklichen Ziele doch eher im Film und Fernsehen zu liegen, was er dann auch erkannte. Die Theaterauftritte dienten dazu, sich in Form zu halten. Und er hatte die Zeit, über alles nachzudenken, was für ihn richtig war. Eine weitere Folge davon war auch, dass er sich konstant weiterentwickelte. Mehr als drei Jahre vergingen, während denen sich David dem Theater zuwand.

Hätte es 1996 nicht Bertha Blue gegeben, wäre David wohl nicht für **BUFFY** entdeckt worden. Bertha, zu dieser Zeit drei Jahre alt, ist eine Mischung aus Labrador und Windhund und Davids „Schatz". Er spielte mit ihr in einem Park in Hollywood und war relaxt. Plötzlich kam ein Mann auf ihn zu, sah ihn an und fragte, ob er Schauspieler sei. David gab ihm eine ehrliche Antwort und sagte, dass er bisher nur eine kleine Rolle in **EINE SCHRECKLICH NETTE FAMILIE (Originaltitel: MAR-RIED...WITH CHILDREN)** gespielt hatte, und ansonsten nur in einigen Werbespots und Theaterstücken aufgetreten war. Wie sich kurz darauf herausstellte war der Mann ein Agent, oder genauer: ein Agent für Schauspieler. Er sah allein schon in Davids Gesicht Potential. Und er wusste von einer Rolle, die perfekt zu David passen würde. Sie unterhielten sich einige Minuten, dann lud er David in sein Haus ein, um über das Geschäft zu sprechen. Er wollte David als Kunden gewinnen. Das würde zwar nicht gleich auf die Garantie hinauslaufen, dass er plötzlich Arbeit und Berühmtheit erlangen würde, aber er konnte ihm zumindest ein sofortiges Vorsprechen beschaffen. Der Agent sagte ihm, dass es da eine Rolle in einer neuen TV-Serie gab, für die er das Aussehen, die Statur und Aura hatte. Die Serie könnte zwar möglicherweise ein Flop werden, oder aber auch ein absoluter Hit. Dieses Risiko musste man in diesem Geschäft eben eingehen. Wenn David

nun sein Kunde wäre, konnte er ein Vorsprechen dafür vereinbaren. Natürlich wollte David zuerst sicher gehen, dass der Agent nicht bloß ein Aufschneider war. Dann folgte er seinen Instinkten und unterschrieb den Vertrag. David fühlte sich jetzt freier, denn nun gab es jemanden, der seiner Karriere zuarbeitete.

Der Agent bewies seine Fähigkeiten eindrucksvoll. Innerhalb von Stunden hatte er für David ein Vorsprechen vereinbart, dass schon am kommenden Morgen stattfinden sollte. Alles was er zu tun hatte, war ein paar markierte Textpassagen zu lernen und so gut vorbereitet zu sein, dass er sie Tags darauf vorlesen konnte. Das Script hierzu war bereits auf dem Weg, während sie noch miteinander telefonierten. Als er den Text dann in Händen hielt, ging es um einen Charakter namens Angel, wer auch immer das war.

Und so passierte es, dass bei einem harmlosen Spaziergang mit seinem Hund, wie aus dem Nichts innerhalb weniger Stunden die Rolle für den Durchbruch in sein Leben trat. Sicherlich, er hatte den Job noch nicht, aber niemand würde soviel Ärger auf sich nehmen, wenn er dabei keine guten Chancen hätte. Und David hatte das vollste Vertrauen in die Fähigkeiten seines neuen Managers. Die Rolle war genau das, worauf er gewartet hatte. Die Geduld und Ausdauer, die David gezeigt hatte, begann sich jetzt auszuzahlen.

Was er damals nicht wusste war, dass Casting Director Marcia Shulman bei ihrer Suche nach jemandem, der diese Rolle spielen könnte, ziemlich verzweifelt war. Sie hatte sich so viele Schauspieler angehört, dass es schon nicht mehr lustig war. Es gab Zeiten wo sie überlegte, ob nicht schon jeder männliche Schauspieler unter 30 für Angel vorgesprochen hätte. Und die Zeit drängte, denn schon in zwei Tagen sollten für die erste Folge Szenen mit Angel gedreht werden. Shulman brauchte den perfekten Angel und sie brauchte ihn jetzt. Als sie dann den Anruf von Davids neuem Manager erhielt, war sie zwar nicht begeistert, vereinbarte aber ein Vorsprechen für den nächsten Tag. Insgeheim drückte sie jedoch die Daumen, dass dieser David Boreanaz so gut war, wie ihn sein Manager am Telefon beschrieb.

Und in der Tat war er es. Als David am nächsten Tag in ihr Büro kam und sich setzte, schrieb sie auf die Besetzungsliste: Er ist Angel. Nachdem er dann auch noch seinen Text gelesen hatte, war Shulman vollkommen überzeugt von ihm.

David hatte selbst keine Vorstellung davon, wie groß der Teil des Charakters werden würde. Alles was er mitgeteilt bekam war, das Angel ein wiederkehrender Charakter in den ersten paar Episoden sein würde. Die Idee eines wiederkehrenden, peripherahlen Charakters in einer Serie war nicht neu. Als man ihm dann den Part anbot, willigte er ein, obwohl er kaum etwas über die Serie wusste.

© MOVIE COLLECTION

Bis dahin hatte ihm niemand gesagt, dass er bereits am nächsten Tag am Set sein musste. Er hatte kein komplettes Drehbuch, nur die acht Seiten mit Angel und er sollte das morgen schon drehen. Das Drehbuch konnte er erst nach der Arbeit lesen.

Obwohl David im wahren Leben offen und lustig ist, konnte er am Set einfach auf der Stelle in eine düstere Laune umschwingen

Die ersten zwei Folgen führten die Hauptcharaktere der Serie ein und zeigten Angel nur am Rande. Aus diesen ursprünglich zwei Folgen wurde dann eine Episode mit zwei Stunden gemacht, um damit am 10. März 1997 die Serie **BUFFY - IM BANN DER DÄMONEN (Originaltitel: BUFFY THE VAMPIRE SLAYER)** auf dem Warner Bros. Network gebührend zu starten.

In der dritten Folge kam es dann zum ersten Mal zum längeren Kontakt zwischen Angel und Buffy. Aber es dauerte immerhin bis zur sechsten Folge dieser Staffel, bis die Zuschauer in der Lage waren, die Zusammenhänge um den Charakter Angel miteinander zu verbinden. Die Herkunft und Geschichte von Angel wurde nämlich nur durch Rückblenden in Szene gesetzt.

Zuerst war Angel nur für sieben Folgen der 12teiligen Staffel vorgesehen, aber die Resonanz der Zuschauer und das Können von David änderten diese Pläne. Angel wurde neben Buffy zum tragenden Element der Serie. Es muss dazu erwähnt werden, dass WB Network nach Ende der 1. Staffel noch keine Fortsetzung in Auftrag gegeben hatte. Joss Whedon, der kreative Schöpfer von **BUFFY**, war jedoch zuversichtlich, dass dies geschehen würde und er hatte in jeder Hinsicht recht. **BUFFY** war ein Hit, obwohl der Kult damals noch im Entstehen war. Für David war die erste Staffel großartig, auch wenn Angel immer noch ein wiederkehrender Charakter war. Aber die Produzenten bauten in der 2. Staffel die Rolle weiter aus und stellten immer mehr die Beziehung zwischen Buffy und Angel in den Vordergrund. Und die Chemie zwischen den beiden stimmte einfach. Der Bildschirm begann zu knistern, wenn sie zusammen waren. Schon ab der Szene, wo Buffy das erste Mal Schritte hinter sich hörte und beim Umdrehen Angel sah. Sie war von ihm auf magische Art und Weise fasziniert. Im Grunde hätte sie sich von ihm abgestoßen fühlen müssen. Immerhin war er ein Vampir und sie eine Jägerin, deren Aufgabe darin bestand, eben genau solche Untoten zur Strecke zu bringen.

Aber es wurde den Zuschauern nicht leicht gemacht, Angel einzuordnen. Vom Diener des Bösen, mit Darla und dem Meister als langjährige vertraute Weggefährten, zum sanften Liebhaber einer Vampirjägerin und danach wieder zurück zum Bösen. Seine Vergangenheit stellte sich als nicht einfach dar, und die Gegenwart war nicht minder kompliziert.

Dank des Erfolges beim Publikum wurde aus Angel ein Part in der Stammbesetzung. Aber im Gegensatz zu vielen anderen jungen Schauspielern verlor David nicht den Boden unter den Füssen, als es darum ging die plötzliche Berühmtheit zu verkraften. Er war es Dank seines Vaters gewöhnt im Kreise der Berühmten zu sein. Als Kind war er oft mit ihm unterwegs und sah Leute auf seinen Dad zugehen, die ihn bewunderten. Und Dave Roberts war ein so höflicher Mann, dass er sich immer die Zeit nahm mit diesen Leuten zu reden. Aufgrund dieser Erlebnisse versucht David die Berühmtheit genau so zu handhaben, wie es sein Vater tat. Und das kann auch schon mal bedeuten, dass er zum Beispiel einen Fanbrief persönlich beantwortet, wenn er sich davon im besonderen Maße angesprochen fühlt.

In einem Interview sagte er zu diesem Thema unlängst folgendes: „Ich habe einige Leute angerufen, einfach so aus heiterem Himmel, um sie zu überraschen. Manchmal glauben sie nicht, dass ich es bin. Wenn ich dann auf den Brief verweise, den sie geschrieben haben, flippen sie völlig aus. Ich denke das ist irgendwie süß, denn es sind die Fans, die uns zum dem machen, was wir sind - berühmte Stars."

David hatte nun das erreicht, was er immer wollte - seinen Lebensunterhalt als Schauspieler zu verdienen. Die Drehbücher für **BUFFY** waren einzigartig und die Entwicklung der Charaktere und ihrer Beziehungen bedeutete, dass es für die Zukunft noch eine Menge Stoff hergab - besonders

was die Romanze zwischen Buffy und Angel anging.

Bevor **BUFFY** auf Sendung ging, spielte David noch Theater. Er trat 1996 am Hudson Theater in Hollywood in der Equity Waiver Produktion von Sam Shephards **COWBOY MOUTH** auf, seiner bis dato besten Darbietung.

Dem Sportfan David Boreanaz, der eine Vorliebe für Golf hat, bereitete die Arbeit an **BUFFY** immer großen Spaß. Ihm gefielen besonders die vielen Kampfszenen, die er mit oder gegen Buffy zu bewältigen hatte. Wie auch die anderen Mitglieder im **BUFFY** Team hat er viele Kampfszenen und Stunts selbst ausgeführt, die speziell ausgesucht wurden. Er ist besessen von Sport und liebt es, in der freien Natur zu sein, um dort Hockey, Baseball, Tennis oder Golf zu spielen. Seine neueste Leidenschaft sind Trendsportarten, wie etwa das Bowling. Wenn er es dann einmal schafft sich ruhig irgendwo hinzusetzen, frönt er einer weiteren Leidenschaft - dem Lesen. In seiner großen Bibliothek finden sich vorwiegend Bücher zum Thema Film und er liest oft zwei bis drei Bücher gleichzeitig.

Der überwältigende Erfolg der Serie **BUFFY - IM BANN DER DÄMONEN** hat David Boreanaz nicht verändert. Er ist auch heute noch der nette, zuvorkommende junge Mann, der er zu Beginn seiner Karriere war. Die Gefahr sich selbst zu überschätzen, oder gar abzuheben, sah er bei sich nie gegeben. Den Höhepunkt seiner Karriere erreichte David dann 1999. Aufgrund des überragenden Erfolges von **BUFFY** und der Figur des Angel, entschieden die Produzenten, daraus eine eigene selbständige Serie zu machen. Joss Whedon kreierte die Spin-Off Serie **ANGEL**, in der David Boreanaz die Hauptrolle spielte und die bei ihrer Ausstrahlung sogar den Erfolg von **BUFFY** toppte. Damit bewies Whedon wieder einmal seine Spitzenklasse als Drehbuchautor und verschaffte somit auch **BUFFY** eine neue Wende. Nach Abschluss der High School musste die Thematik ohnehin ausgeweitet werden, was auch für die Einführung neuer Charaktere sprach. Im Gegensatz zu **BUFFY** ist **ANGEL** mehr für ein älteres Publikum gemacht. Die Präsenz des Bösen und die Horror-Effekte wurden hier detaillierter ausgearbeitet, sowie auch mehr erotische Szenen eingefügt. David Boreanaz war allerdings nicht die einzigste Figur aus **BUFFY**, die zu **ANGEL** wechselte. Charisma Carpenter und Alexis Denisof zogen auch von Sunnydale nach Los Angeles, wo die Serie **ANGEL** spielt. Die 1. Staffel von **ANGEL**, die aus neun Folgen besteht, ist zwischenzeitlich in den USA gelaufen und wurde vom Publikum begeistert aufgenommen. Aufgrund des Quotenerfolges wurden noch dreizehn weitere Folgen nachgeordert, bei denen es aber einige Veränderungen gab. Der von den Zuschauern sehr gut angenommene Charakter des Doyle (dargestellt von Glenn Quinn) wurde aus der Stammbesetzung gestrichen und von Alexis Denisof alias Wesley Windham-Pryce ersetzt.

David Boreanaz ist überwältigt vom Erfolg seiner ersten eigenen Serie, denkt aber auch ein bisschen mit Wehmut an seine Tage bei **BUFFY** zurück. Die Arbeit dort hat sehr viel Spaß gemacht und er zählt Nicolas Brendon (Xander) zu seinen besten Freunden. Mit Sarah Michelle Gellar verbindet ihn auch außerhalb von **BUFFY** eine gute Freundschaft, die aber nichts mit Liebe zu tun hat, wie viele Medien immer wieder zu berichten wussten. David hat immer sehr großen Wert auf sein Privatleben gelegt und nie Fotos mit seiner Frau oder Familie zugelassen.

So sei hier auch nur am Rande angemerkt, dass David Boreanaz von Juni 1997 bis Oktober 1999 mit Ingrid Quinn verheiratet war.

Die Karriere von David entwickelt sich inzwischen auch hinsichtlich der Arbeit an Kinofilmen ausgezeichnet. Wir werden mit Sicherheit demnächst einige interessante Filme von ihm zu sehen bekommen.

Filmographie

Filme

2001 Valentine

2000 First Light

1996 Macabre Pair of Shorts
(Original: Macabre Pair of Shorts)
Rolle: Opfer eines Vampirs

1993 Der Unbesiegbare - Best Of The Best II
(Original: Best Of The Best II)
Rolle: unbekannt

Zwei Asse im Schnee
(Original: Aspen Extreme)
Rolle: unbekannt

Fernsehen

2001 Angel
(Original: Angel)
2. Staffel - Stammbesetzung
Rolle: Angel

2000 Angel
(Original: Angel)
1. Staffel - Stammbesetzung
Rolle: Angel

Buffy - Im Bann der Dämonen
(Original: Buffy The Vampire Slayer)
4. Staffel
Rolle in allen Folgen: Angel
Folge: **Der Geist Quamash**
Folge: **The Yoko Factor**

1999 Buffy - Im Bann der Dämonen
(Original: Buffy The Vampire Slayer)
3. Staffel
Rolle in allen Folgen: Angel

(Original: Pangs)
(Original: The Yoko Factor)

Folge: **Anne**	(Original: Anne)
Folge: **Die Nacht der lebenden Toten**	(Original: Dead Man´s Party)
Folge: **Neue Freunde, Neue Feinde**	(Original: Faith, Hope and Trick)
Folge: **Dr. Jeckyl und Mr. Hyde**	(Original: Beauty And The Beasts)
Folge: **Die Qual der Wahl**	(Original: Homecoming)
Folge: **Der Handschuh von Myhnegon**	(Original: Revelations)
Folge: **Liebe und andere Schwierigkeiten**	(Original: Lovers Walk)
Folge: **Was wäre wenn**	(Original: The Wish)
Folge: **Heimsuchungen**	(Original: Amends)
Folge: **Hänsel und Gretel**	(Original: Gingerbread)
Folge: **Die Reifeprüfung**	(Original: Helpless)
Folge: **Die Nacht der lebenden Leichen**	(Original: The Zeppo)
Folge: **Doppelgängerland**	(Original: Doppelgangland)
Folge: **Gefährliche Spiele**	(Orginal: Enemies)
Folge: **Fremde Gedanken**	(Original: Earshot)
Folge: **Die Box von Gavrock**	(Original: Choices)
Folge: **Der Höllenhund**	(Original: The Prom)
Folge: **Das Blut der Jägerin**	(Original: Graduation Day, Part 1)
Folge: **Der Tag der Vergeltung**	(Original: Graduation Day, Part 2)

1998 **Buffy - Im Bann der Dämonen**
(Original: Buffy The Vampire Slayer)
2. Staffel
Rolle in allen Folgen: Angel

Folge: **Im Bann des Bösen**	(Original: When She Was Bad)
Folge: **Operation Cordelia**	(Original: Some Assembly Required)
Folge: **Elternabend mit Hindernissen**	(Original: School Hard)
Folge: **Der Geheimbund**	(Original: Reptile Boy)
Folge: **Die Nacht der Verwandlung**	(Original: Halloween)
Folge: **Todessehnsucht**	(Original: Lie To Me)
Folge: **Das Mal des Eyghon**	(Original: The Dark Age)
Folge: **Die Rivalin**	(Original: Whats My Line, Part 1)
Folge: **Das Ritual**	(Original: Whats My Line, Part 2)
Folge: **Ted**	(Original: Ted)
Folge: **Faule Eier**	(Original: Bad Eggs)
Folge: **Der Fluch der Zigeuner**	(Original: Surprise)
Folge: **Der gefallene Engel**	(Original: Innocence)
Folge: **Der Werwolfjäger**	(Original: Phases)
Folge: **Der Liebeszauber**	(Original: Bewitched, Bothered, And Bewildered)
Folge: **Das Jenseits läßt grüßen**	(Original: Passion)

Folge: **Der unsichtbare Tod** (Original: Killed By Death)

Folge: **Ein Dämon namens Liebe** (Original:I Only Have Eyes For You)

Folge: **Das Geheimnis der Fischmonster** (Original: Go Fish)

Folge: **Wendepunkte** (Original: Becoming, Part 1)

Folge: **Spiel mit dem Feuer** (Original: Becoming, Part 2)

1997 **Buffy - Im Bann der Dämonen**
(Original: Buffy The Vampire Slayer)
1. Staffel
Rolle in allen Folgen: Angel

Folge: **Das Zentrum des Bösen** (Original: Welcome To Hellmouth)

Folge: **Die Zeit der Ernte** (Original: The Harvest)

Folge: **Die Gottesanbeterin** (Original: Teacher´s Pet)

Folge: **Ohne Buffy lebt sich´s länger** (Original: Never Kill A Boy On The First Date)

Folge: **Angel - Blutige Küsse** (Original: Angel)

Folge: **Aus den Augen, aus dem Sinn** (Original: Invisible Girl)

Folge: **Das Ende der Welt** (Original: Prophecy Girl)

1993 **Eine schrecklich nette Familie**
(Married...With Children)

Folge: **Die Bundys im Kino**   Rolle: Frank (Kelly Bundys Freund)
(Original: Movie Show)

Men Don´t Lie   Rolle: unbekannt
(Original: Men Don´t Lie)

Eyes Of The World   Rolle: unbekannt
(Original: Eyes Of The World)
Hinweis: Dieser TV-Film wurde nie ausgestrahlt

Theater

1996 **Cowboy Mouth**
Fool For Love

1995 **Italian-American Reconciliation**

1994 **Hatful Of Rain**

Der Brite Rupert Giles hat an der Oxford Universität Geschichte studiert und hat eine Vorliebe für braune Tweed Anzüge. Er ist an der Sunnydale High School als Bibliothekar angestellt. Hinter seiner freundlichen Art ist aber auch eine sehr dunkle Seite verborgen. Rupert Giles hat eine Berufung, von der nur wenige Menschen wissen. Er ist, wie schon sein Vater, ein sogenannter Wächter, der zusammen mit einer Jägerin das Böse bekämpft. Die Kombination Wächter/Jäger fordert von beiden Seiten eine große Verantwortung. Während der Jäger direkt an der Front das Böse bekämpft, obliegt dem Wächter das Training der Jägerin und die Informationsbeschaffung. Giles war Kurator in einem Museum in England, bevor er als Wächter nach Sunnydale geschickt wurde, um Buffy Summers zu unterstützen und zu fördern. Obwohl Rupert Giles kein Jäger ist, hat er oft bewiesen, dass noch andere Qualitäten in ihm stecken. Seine große Liebe war Jenny Calendar, eine Kollegin aus der Lehrerschaft. Nachdem sie von Angel auf brutale Weise getötet wurde, leidet Giles unter einem seelischen Ungleichgewicht. Seiner Arbeit hat dies jedoch keinen Abbruch versetzt und er unterstützt Buffy nach wie vor in allen Belangen, obwohl er vom Rat der Wächter bereits abgelöst wurde.

Gespielt wird Rupert Giles von Anthony Stewart Head. Er wurde am 20. Februar 1954 in Camdentown/England geboren und wuchs zusammen mit seinem Bruder Murray in Hampton auf. Murray ist ebenfalls Schauspieler und ein bekannter Sänger, der 1984 mit **ONE NIGHT IN BANG-KOK** einen Top Ten Hit hatte. Seine Eltern waren im Filmgeschäft tätig. Helen Head (geborene Shingler) wurde als Darstellerin der Madame Maigret in der Rupert Davies BBC Fernsehserie **MAIGRET** bekannt, die von 1960 bis 1963 in England lief. Seafield Head, der eine große Liebe für Kunst hat, machte sich mit der eigenen Produktionsfirma Verity Films einen Namen als Produzent

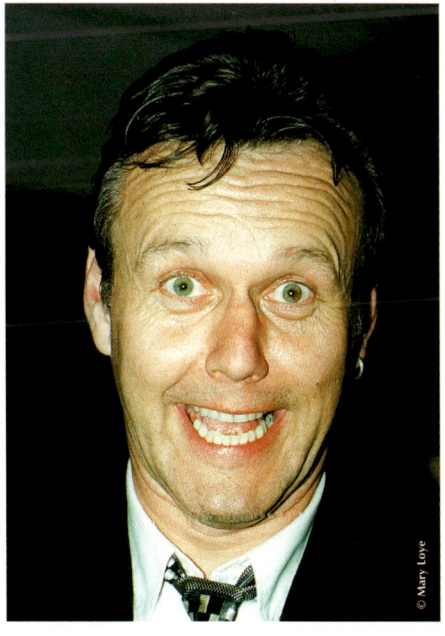

© Mary Loye

für Dokumentarfilme. Da verstand es sich von selbst, dass sie den Wunsch ihres Sohnes, Schauspieler zu werden, gut hießen.

Bereits im Alter von sechs Jahren gab Anthony in dem Stück **JACK-DAW OF RHEIMS** sein Debüt als Schauspieler, gefolgt von dem Stück **THE EMPERORS NEW CLOTHES**, in dem er die Rolle des Kaiser spielte. Diese Aufführungen hatten Freunde seiner Mutter organisiert und sie fanden auf einer Bühne bei den Nachbarn statt. Als nach Ende der Aufführung der Applaus einsetzte war für Anthony klar, was er werden wollte - Schauspieler. Schon damals hatte Anthony den Ruf, dass er seine Szenen gewissenhaft vorbereitete, auch wenn ihm bei der Aufführung dann niemand zusehen wollte. In seinem Freundeskreis wurde er als sehr lästig eingestuft. Er wollte immer alles in Szene setzen und konnte nicht wie alle anderen Kids einfach nur spielen, ohne daraus gleich eine komplette Inszenierung zu machen.

Head konzentrierte sich in der High School immer mehr auf das Theaterspielen und gewann dreimal in Folge bei Schauspielwettbewerben. Nebenbei intensivierte er seine Bemühungen nicht nur in

Stücken aufzutreten, sondern sie auch zu schreiben und Regie zu führen. Seine selbst geschriebenen Stücke wurden auch an der Schule aufgeführt.

Kurz vor Abschluss der High School sprach er am National Youth Theater in London vor, wo er aber nicht angenommen wurde. Später versuchte er sich an der Central Drama School einschreiben zu lassen. Man legte ihm hier nahe, zuerst noch etwas Erfahrung zu sammeln. Also arbeitete Anthony nach Abschluss der High School über ein Jahr lang in der Firma seines Vaters. Anschließend spielte er im Youth Thomdyke Theater in Leatherland bis der Regisseur, dort sagte, er wäre bereit für das Studium. Ihm gelang dann die Aufnahme an der berühmten London Academy of Music and Dramatic Arts. Das Studium dort dauerte bis 1976 und während dieser Zeit lernte er auch Amy Irving (Ex-Frau von Steven Spielberg) und David Norton (AMERICAN WERWOLF) kennen. Danach wollte er sein Wissen in der Praxis erproben.

Seine erste TV-Rolle spielte er in der von 1978 bis 1980 laufenden 26teiligen TV-Serie **ENEMY AT THE DOOR**, einem 2. Weltkrieg Drama über die Besetzung der Kanal Inseln durch die Deutschen. Es folgte eine Rolle in der 13teiligen TV-Mini Serie **LILLIE**. Der Durchbruch gelang ihm jedoch erst 1981 mit dem Musical **GODSPELL**. Hier war er Ersatzspieler für sechs unterschiedliche Rollen und schaffte es während der einjährigen Tournee mit diesem Stück bis zur Hauptrolle des Jesus.

Anthony Head spielte in den darauf folgenden Jahren sowohl in Theaterproduktionen als auch in TV-Filmen. Das ganze wurde von Auftritten als Gaststar in zahlreichen TV-Serien abgerundet. So drehte er zum Beispiel mit dem englischen TV-Sender BBC **SECRET ARMY** (Serie mit Laufzeit von 1977-79/Gaststar), **BERGERAC** (Serie /Gaststar/hier spielte er an der Seite seiner Mutter Helen, die als Mrs. Semple auftrat), **THE GRUDGE FIGHT** (Fernsehausstrahlung eines Theaterstücks), **HOWARD`S WAY** (Serie mit Laufzeit von 1985-90) und **PULASKI** (Miniserie/Gaststar). Am Theater stand er in den Produktionen **PRINCE OF HOMBURG, YONADAB** (Theaterstück von 1985-86/hier spielte er zuerst neben Alan Bates, später Patrick „Captian Picard" Stewart), **DANTON`S DEATH** (Theaterstück 1982/Anthonys erster Auftritt am National Theater), **LADY WIN-DERMERE`S FAN** (Theaterstück 1990) und **CHESS** (Musical am Prince Edward Theater von 1987-89) auf der Bühne.

Am bekanntesten wurde Anthony Head in dieser Zeit jedoch nicht durch seine Bühnen- oder Fernsehauftritte, sondern durch die Werbung. Er war am richtigen Tag zur richtigen Zeit am richtigen Ort und heraus kam **TASTER`S CHOICE**. Die Firma Nestle hatte einen Spot

für Pulverkaffee in Auftrag gegeben, der die Umsätze des Unternehmens steigern sollte. Und was dann passierte, ist wohl einzigartig in der schnelllebigen Welt der Werbewirtschaft. Anthony wurde aufgrund seines Lächelns und seiner funkelnden Augen für die Hauptrolle in diesem Spot besetzt. Anschließend testete man ihn mit vielen der schönsten Frauen von England. Seine Partnerin wurde schließlich Sharon Maugham und sie entwickelten vor der Kamera eine einzigartige Chemie. Ursprünglich waren nur sechs Spots geplant, doch der Erfolg übertraf selbst die kühnsten Prognosen und Erwartungen.

In England wurden die Spots als **GOLD BLEND** von 1987 bis 1993 ausgestrahlt und von 1990 bis 1997 als **TASTER`S CHOICE** in den USA. Während dieser Zeit wurden die Spots um die Lovestory von Anthony Head und Sharon Maugham so erfolgreich, dass man eine eigene Soap dafür entwickelte. Es wurden für England insgesamt zwölf Episoden gedreht und für die USA sogar dreizehn Episoden. In den Spots ging es um die attraktive Alexandra Maitland die ihren Nachbarn Matthew Prescott, einen charmanten englischen Gentleman, bittet, ihr mit Kaffee auszuhelfen. Der Kunsthändler und die Chefredakteurin sind sofort fasziniert voneinander und es entwickelte sich daraus eine Lovestory.

(Hinweis: Zwischen den englischen und amerikanischen Spots kann es hinsichtlich der Namen und Berufe Abweichungen geben. Die Angaben beziehen sich auf das ursprüngliche Skript der Spots. In den US-Spots wird Matthew Prescott zum Beispiel nur Michael genannt.)

In Folge dieser Spots konnte der Absatz von **GOLD BLEND** in England, dem Königreich des Tee, innerhalb von 18 Monaten um 20% gesteigert werden, während der Absatz in den USA um 10% anstieg. 1993 erschienen die ersten elf Spots von **GOLD BLEND** unter dem Titel **LOVE OVER GOLD** sogar als Promotionvideo. Eine gleichnamige Romanfassung von Susannah James wurde im gleichen Jahr sogar in der Bestseller Liste der Sunday Times geführt.

Die Spots sorgten dafür, dass Anthony Head sich ein Haus kaufen und einen angenehmen Lebensstil führen konnte. Das Geld gab ihm auch Sicherheit bei der Auswahl seiner Projekte. Er musste nicht jeden Job annehmen, nur um leben zu können. Die Werbefilme haben ihn auch nicht behindert, als er sich nach weiteren Schauspieljobs umsah. Es öffneten sich ihm sogar in den USA viele Türen, denn hier kannte man ihn auch als den Mann aus der Kaffeewerbung.

Ebenso wie Anthony Head ist auch seine Partnerin Sharon Maugham inzwischen nach Kalifornien gezogen, wo sie mit Mann und Kindern in Venice lebt.

Neben seinem Erfolg in der Werbebranche entwickelte sich auch

Anthony Heads Theaterkarriere in London weiter. Er spielte an der Seite von Alan Bates in dem Stück **A PATRIOT FOR ME** (Theaterstück 1983 am Chichester Festival Theater, das 1984 nach Los Angeles ins Amhanson Theater wechselte, wobei nur Alan Bates die gleiche Rolle übernahm) und trat unter der Regie von Peter Gill als Octavius in **JULIUS CAESAR** am berühmten Riverside Theater auf. 1990 übernahm er seine wohl bekannteste Bühnenrolle, die unter seinen Fans sogar Kultstatus besitzt. Mit Spitzenstrumpfhose, Perücke und viel Make-up stolzierte er als Dr. Frank-N-Furter über die Bühne. Das Stück hieß **THE ROCKY HORROR PICTURE SHOW** und wurde 1990 am Picadilly Theater und im Juli/August 1995 nochmals am Duke of York's Theater aufgeführt. Das Musical, in dem Anthony unter anderem die Lieder **SWEET TRANSVESTITE** und **I CAN MAKE YOU A MAN** sang, riss das Publikum zu frenetischem Applaus hin. Es bescherte ihm hervorragende Kritiken und den Ruf, der beste Darsteller in dieser Rolle gewesen zu sein.

Head findet es schwieriger in Musicals zu arbeiten, als in normalen Theaterstücken, weil dort nicht improvisiert werden kann. Den Text in einem Musical zu vergessen ist schlimmer, denn hier gibt es Musik, die darauf abgestimmt ist und die Musiker spielen danach. Anthony Head hat es bis heute verstanden sich nicht auf eine Rolle festlegen zu lassen. Sein Repertoire umfasst Komödien, Dramen, Theater und Musicals. Für ihn ist es auch heute noch ein fantastisches Gefühl vor Livepublikum zu stehen und mit ihm zu spielen. Es zu führen, mit ihm zu arbeiten und zu fühlen, wie die Menschen mitgehen, ist für ihn das Höchste.

Heads weitere Arbeiten umfassten die Titelrolle in dem Musical **AROUND THE WORLD IN 80 DAYS** (Juni/Juli 1990 am Buxton Opera House), **THE HEIRESS** (1992 am Churchill Theater) und das von der Kritik gefeierte Stück **ROPE** (1993), in dem auch ein zukünftiger **BUFFY** Kollege auf der Besetzungsliste stand, nämlich Alexis Denisof. Im Kino war Anthony Head während dieser Zeit nur in zwei Filmen zu sehen. 1981 spielte er an der Seite von Sylvia Kristal in **LADY CHATTERLEY`S LIEBHABER (Originaltitel: LADY CHATTERLEY`S LOVER)**, war aber nur in zwei Szenen des Films zu sehen. 1987 spielte er neben Mickey Rourke und Bob Hoskins in dem Film **AUF DEN SCHWINGEN DES TODES (Originaltitel: A PRAYER FOR THE DYING)**, der im IRA Umfeld angesiedelt war. 1988 spielte er in dem italienischen Film **DEVIL`S HILL (Originaltitel: LA COLLINA DEL DIAVOLO)**, der als Fernsehfilm konzipiert war und in Südamerika und Europa gedreht wurde. Später lief dieser Film auch als 4teilige Mini-Serie.

Im Jahr 1992 wagte Anthony Head dann den Schritt in die USA. Hier

Only Hollywood would give these women

spielte er Gastrollen in den bekannten amerikanischen TV-Serien **HIGH-LANDER (Originaltitel: HIGHLANDER-THE SERIES)** und **NYPD (Originaltitel: N.Y.P.D.Blue - NEW YORK COPS)**. 1994 drehte er mit James Belushi und Miguel Ferre den Actionfilm **ROYCE (Originaltitel: ROYCE)**, der in Budapest gedreht wurde. Hier sah man ihn als psychopatischen Norm Pitlock einmal ganz anders. Diese Showtime Produktion lief in den USA nur im Fernsehen und wurde in Deutschland als Videopremiere veröffentlicht. Danach spielte Anthony im Pilotfilm für eine geplante Serie mit dem Arbeitstitel **SHE**, die eine außergewöhnliche Handlung und eine Mischung von Livedarstellern und Animation bot, jedoch nie realisiert wurde.

1995 schließlich erhielt er zum ersten Mal ein Serienangebot für die Stammbesetzung. Die Produktionsfirma Fox bot ihm die Rolle des Oliver Sampson in ihrer Science Fiction Serie **VR.5** an. Die Serie hatte eine interessante Geschichte zur Grundlage und Anthony ersetzte einen Darsteller der Stammbesetzung, der bereits in der dritten Folge getötet wurde. Seine Rolle war die des Bösewichts und es war für ihn etwas ungewöhnlich dies zu spielen. Bisher kannte man ihn ja nur als Good Guy und gerade in den USA, wo man ihn sofort mit **TASTER`S CHOICE** in Verbindung brachte.

VR.5 erzählte die Geschichte der Sydney Bloom (Lori Singer), die im Alter von zwölf Jahren ihren Vater und ihre Zwillingsschwester Samantha bei einem tragischen Verkehrsunfall ums Leben kommen sah. Dieses tragische Erlebnis wurde noch durch den Selbstmordversuch ihrer Mutter, die seitdem gelähmt war, verstärkt. Viele Jahre später lebt Sydney allein in einem geräumigen Appartement und arbeitet für die Telefonfirma TelCal. Aufgrund ihrer tragischen Kindheit ist sie sehr schüchtern und hat nur zwei Freunde. Ihren Jugendfreund Duncan (Michael Easton), der auf dem Dach von Sydneys Appartement wohnt. Sydney betrachtet ihn als den Bruder, den sie nie hatte und betraut ihn hin und wieder mit Aufträgen. Ihr zweiter Freund ist ihr Computer, mit dem sie den Cyberspace erkundet. Als sie es eines Tages durch Zufall schafft sich in den VR.5 Level einzuloggen, verändert sich ihr Leben schlagartig. Der VR.5 hat die Macht, durch virtuelle Realität Zugang zum Unterbewusstsein anderer Leute zu gewinnen. In ihm kann man durch verschiedene Level der Virtual Reality das Verhalten einer Person und Ereignisse beeinflussen. Sydney wendet sich daraufhin an Dr. Frank Morgan (Will Patton), einen Professor in VR Feld, um mehr über das VR.5 zu erfahren. Als es ihm nicht gelingt Sydney davon abzuhalten in das VR.5 einzuloggen, stellt er sie einer geheimen Organisation vor, die „Das Komitee" genannt wird. Schon bald muss er aber erkennen, dass dieser Entschluss ein schwerer Fehler war und das Sydney vom Komitee unter Druck gesetzt wird. Um

Dr. Morgan zum Schweigen zu bringen wird der Killer Jackson Boothe aktiviert. Bevor der Doktor Sydney etwas über ihren Vater erzählen kann, wird er von Boothe erstochen. Seine letzten Worte, „Es ist nicht, wie Du glaubst" lassen Sydney tiefer in die Vergangenheit eintauchen. Sie versucht zu ergründen, was es mit Dr. Morgan und ihrem Vater wirklich auf sich hat. Das Komitee setzt nun Oliver Sampson (Anthony Head) als neuen Kontaktmann für Sydney ein. Er hat eine stärkere Beziehung zum Komitee als der Doktor und Sydney vertraut ihm. Im Verlauf der weiteren Handlung verliebt sie sich in ihn und erfährt schließlich so manches aus Vergangenheit und Gegenwart, was ihr nicht lieb ist.

Von **VR.5** wurden nur dreizehn Folgen gedreht, wobei nur zehn zur Ausstrahlung kamen. Die Serie wurde im Mai 1995, nicht einmal zwei Monate nach Ausstrahlungsbeginn, wieder aus dem Programm genommen. Bereits nach der ersten Staffel war Schluss. **VR.5** überraschte die Zuschauer damit, dass einer der Hauptcharaktere schon nach drei Folgen getötet und durch einen neuen Charakter ersetzt wurde.

Anthony erfuhr nur sehr wenig über die Rolle des Oliver Sampson, aber die grobe Erklärung der Produzenten reichte für ihn aus, einen Serienvertrag zu unterschreiben. Die Serie hatte sehr erfinderische Drehbücher und Anthony sagte, dass es eine großartige Serie war und die Arbeit daran sehr viel Spaß gemacht habe.

Nach dem frühen Aus der Serie ging Head wieder zurück nach England, wo er weiterhin in Theaterproduktionen und Fernsehfilmen auftrat. In seiner Freizeit schrieb er zusammen mit seinem Freund Matthew Bell das Buch D`ARK SECRETS. Es sollte als die nächste Generation von THE ROCKY HORROR PICTURE SHOW verstanden werden und war als Gothic Musical angelegt. Zu dem Stück verfasste Anthony des weiteren noch 15 Songs. Zuerst hatten sie gehofft, daraus einen Animationsfilm machen zu können und auch erste Gespräche mit Filmfirmen geführt. Doch bis heute ist leider nichts daraus geworden.

1995 war auch ein Jahr, in dem sich das Leben von Anthony Head und Sarah Fisher über Nacht schlagartig änderte. Damals erfuhren sie, dass die Tochter ihrer Freundin Cynthia Palmer Lund an einem Gehirntumor litt. Erin Palmer, die beste Freundin von Emily Rose, war im Alter von vier Jahren an den Folgen eines Gehirntumors gestorben, den man zwei Jahre zuvor diagnostiziert hatte. Erin und ihre Mutter waren wie eine Familie für Anthony und Sarah. Die damals sechsjährige Emily verfiel in schwere Depressionen, die sie durch den Tod ihrer besten Freundin Erin Palmer erlitten hatte. Es war eine harte Zeit, an die sich Anthony nicht gern erinnert und die sein Einsatz für das

Rainbow Centre in Bath begründete. Im Rainbow Centre wird Familien geholfen, die ihre Kinder verloren haben. Die Familie Palmer versuchte das Leben ihrer Tochter durch eine Behandlung mit alternativer Medizin in den USA zu retten. Um die Kosten, immerhin 35.000 Pfund, dafür aufzubringen, starteten Anthony und Sarah eine eigene Kampagne. Zudem spendete Head aus den Einkünften seiner TV-Spots einen großen Teil. Aber auch mit dieser Behandlung konnte Erin nicht gerettet werden. Um die Arbeit des Rainbow Centre weiter zu unterstützen, brachte Anthony zusammen mit Sarah ein Buch heraus. Das Buch beinhaltet auf 128 Seiten 88 Rezepte von berühmten Persönlichkeiten wie Michael Caine, Joan Collins, Victoria Wood, Robbie Coltrane u.a. Die Einnahmen des Buches fließen in den Erin Palmer Fond des Rainbow Centers. Es unterstützt Familien von Kindern die gestorben sind oder an tödlichen Krankheiten leiden. (Ashgrove Press, ISBN 1-85398-076-5, erschienen 1995).

Bei seinem Wechsel in die USA hatte Anthony Head einen Unterschied zwischen der englischen und amerikanischen Arbeitsweise der Schauspieler bemerkt. Während in England mehr stilistisch und technisch gearbeitet wird, ist die Arbeit in den USA realistischer. Und im Gegensatz zu vielen englischen und amerikanischen Schauspielern, war Head begeistert von Los Angeles.

1997 erhielt er dann wieder zwei Angebote aus den USA. Zum einen bot man ihm eine Rolle in der geplanten Serie **POLTERGEIST (Originaltitel: POLTERGEIST: THE LEGACY)** an, und zum anderen erhielt er die Scripts von zwei Folgen der geplanten Serie **BUFFY - IM BANN DER DÄMONEN (Originaltitel: BUFFY THE VAMPIRE SLAYER)**.

Anthony Head ist nicht abergläubisch, glaubt aber daran, dass es eine dunkle Seite gibt. Aus diesem Grund hatte er sich nicht für die Serie **POLTERGEIST** erwärmen können. Sie war nach seinem Geschmack zu dunkel und mystisch. **BUFFY** hingegen nahm sich leichtherzig und fröhlich aus, weshalb er dieses Angebot favorisierte.

Damals saß Anthony Head gerade in einem Restaurant in Santa Monica, als ihm sein Agent die Scripts von **BUFFY** brachte. Als er anfing sie zu lesen, konnte er gar nicht mehr aufhören. Sie waren mit soviel Humor geschrieben, dass er lauthals lachen musste. Ihm gefiel das Konzept, denn hier dürfte er, entgegen der typischen Regelbesetzung, einmal etwas anderes darstellen. In der Regel wurden Engländer nur als Bösewicht oder snobistische Gentlemen besetzt. Es war auch die Gelegenheit mit Joss Whedon zu arbeiten, der für seine Arbeit an **TOY STORY** eine Oscar-Nominierung erhalten hatte und auch das Drehbuch für den **BUFFY** Kinofilm schrieb. Was Head an der Rolle von Rupert Giles reizte, war der Humor, die Art mit der er durchs Leben stolperte und sein phänomenales Wissen. Die erste Szene die

er las, handelte vom ersten Treffen mit Buffy. Und die war so genial geschrieben, dass er nicht wiederstehen konnte und daraufhin einen Fünf-Jahres-Vertrag für **BUFFY** unterschrieb.

Außerhalb vom **BUFFY** Set hat Anthony Head überhaupt nichts mit Giles gemein. Die Art und Weise wie Head sich von seinem Alter-Ego unterscheidet, schätzen seine Kollegen außerordentlich. Er hat nichts von dessen Steifheit und erlaubt sich auch die ein oder andere Macke. So trägt Anthony im Gegensatz zu Giles im linken Ohr einen Ohrring, hat eine Tätowierung auf der linken Schulter und liebt Sportarten wie Reiten und Sporttauchen. Die Rückwandlung in Giles ruft dann die Make-up Künstler auf den Plan, die immer beinah perfekt das Loch im Ohr „vertuschen".

Im Gegensatz zu seinen **BUFFY** Kollegen kann Anthony Head schon auf eine über 20jährige Karriere zurückblicken und ist damit der erfahrenste Schauspieler am Set, gefolgt von Sarah Michelle Gellar. Trotzdem gibt es auf dem Set deswegen keine Generationskonflikte. Die Crew versteht sich blendend und verbringt sehr viel Zeit miteinander. Wobei Head ehrlich bekennt, dass er mit Nicholas Brendon (Xander) die meiste Zeit verbringt.

Das Privatleben von Anthony bietet keine sensationslüsternen Ausschweifungen oder dergleichen. Seit 1982 ist er mit Sarah Fisher zusammen. Eine Partnerschaft, die auch ohne Trauschein, beständig und harmonisch ist. Anthony sagt von Sarah, dass sie die außergewöhnlichste und schönste Frau sei, die er jemals getroffen habe. Sie macht sein Leben perfekt und hat ihn auch am meisten beeinflusst. Er hat sehr viel von ihr gelernt und ist auch heute noch über alle Massen von ihr fasziniert. Ihre harmonische Partnerschaft führen beide auf eine Seelenverwandtschaft zurück. Die ehemalige Theaterleiterin und heutige Tiertrainer war 18 Jahre alt, als sie den damals 28jährigen Anthony traf. Und es ist verwunderlich, dass sie länger zusammen sind, als manche Ehepaare. Ihre Beziehung hält auch den harten Belastungen des Drehstresses von Anthony stand, der immerhin 8 1/2 Monate im Jahr in Los Angeles wohnt und dort in acht Tagen Drehzeit eine Folge von **BUFFY** abdreht. Das Paar hat zusammen zwei Kinder, die Töchter Emily Rose (geb. 1989) und Daisy May (geb. 1991). Das Leben zwischen England und Amerika belastet Anthony Head sehr, besonders die lange Trennung von seiner Familie. In jeder längeren Drehpause jettet er nach London, wo Sarah sich

allein um die Kinder kümmert und alles zusammenhält. England ist nach wie vor seine eigentliche Heimat, der Ort wo seine Kinder zur Schule gehen und wo er sich wohl fühlt. Ein Umzug nach Amerika kam für ihn nie in Frage, weil es seiner Meinung nach nicht fair gegenüber seinen Kindern gewesen wäre. Er wollte sie durch einen Umzug in die USA nicht aus ihrer vertrauten Umgebung reißen. Hier in England, genauer gesagt in Bath, bewohnt die Familie ein riesiges Haus mit 11 Zimmern, das sie sich mit zehn Pferden und vielen anderen Tieren teilt. Die grünen Hügel um das Anwesen sind seiner Meinung nach auch besser für seine Kinder geeignet, als die gewalttätige Stadt Los Angeles, wo auf offener Straße Menschen erschossen werden.

Head hat ohnehin nicht vor, für immer im amerikanischen Fernsehen präsent zu sein. Sicher wird es nach der fünften Staffel von **BUFFY** mit Rupert Giles vorbei sein, denn die Kids sind zwischenzeitlich der High School entwachsen und Giles damit fast überflüssig geworden. Aber noch ist die USA das Land, wo er arbeitet und sein Geld verdient.

F I L M E

2000   **Metal God**   Rolle: unbekannt

Untitled Stephen Herek Projekt
                                        Rolle: unbekannt

1996   **She**   Rolle: unbekannt

1988   **Devil´s Hill**
        (Original: La Collina Del Diavolo)
        Rolle: unbekannt

1987   **Auf den Schwingen des Todes**
        (Original: A Prayer For the Dying)
        Rolle: Rupert

1981   **Lady Chatterley´s Liebhaber**
        (Original: Lady Chatterley´s Lover)
        Rolle: Anton

F E R N S E H E N

2001   **Buffy - Im Bann der Dämonen**
        (Original: Buffy The Vampire Slayer)
        5. Staffel - Stammbesetzung
        Rolle in allen Folgen: Rupert Giles

2000   **Best Actress**
        Rolle: Colin Tromans

Buffy - Im Bann der Dämonen
(Original: Buffy The Vampire Slayer)
4. Staffel - Stammbesetzung   Rolle: Rupert Giles

1999   **Buffy - Im Bann der Dämonen**
        (Original: Buffy The Vampire Slayer)
        3. Staffel - Stammbesetzung   Rolle: Rupert Giles

1998   **Buffy - Im Bann der Dämonen**
        (Original: Buffy The Vampire Slayer)
        2. Staffel - Stammbesetzung   Rolle: Rupert Giles

1998	Two Guys, A Girl And A Pizza Place (Serie)	
	Folge: Two Guys, A Girl And A Mother Day	Rolle: Dr. Staretski

1997   **Buffy - Im Bann der Dämonen**
        (Original: Buffy The Vampire Slayer)
        1. Staffel - Stammbesetzung   Rolle: Rupert Giles

1997   **Jonathan Creek (Serie)**
        Folge: **The Wrestlers Tomb**   Rolle: Adam Klaus

1996   **Roger Roger**   Rolle: Jimmy Price

1995   **VR. 5 - Stammbesetzung**   von Folge 4 - 13
        VR. 5 (auch Virtual Reality)   Rolle: Oliver Sampson
        Folge: **5D**   Folge: **Escape**
        Folge: **Facing the Fire**   Folge: **Simon´s Choice**
        Folge: **Control Freak**   Folge: **The many faces of Alex**
        Folge: **Reunion**   Folge: **Send me an Angel** (n.ausg.)
        Folge: **Sisters** (n.ausg.)   Folge: **Parallel Lives** (n.ausg.)
        n.ausg. = nicht ausgestrahlt

1995   **Ghostbusters of East Finchley**   Rolle: Terry

1994   **The Trial Of Lord Lucian**   Rolle: unbekannt

1994   **Royce**   Rolle: Norm Pitlock

1992   **N.Y.P.D. Blue - New York Cops**   (Original: NYPD Blue)
        Folge: **Eiskalte Waffen**
        Folge: **Cold Heaters**   Rolle: Raleigh Gibson

        Woof Again! Why Me?   Rolle: B.J. Bentley

        Highlander   (Original: Highlander)
        Folge: **Flucht ohne Ausweg**   Rolle: Allan Rothwood

1989   **The Detectives**
        Folge: **Acting Constables**   Rolle: Simon

1988   **The Comic Strip Presents**
        Folge: **More Bad News**   Rolle: Record Studio Engineer

1987   **Pulaski**   Rolle: unbekannt

	Woof	Rolle: unbekannt
	Boon Folge: **Day Of The Yokel**	Rolle: Richard Rathbone
1985	**Spenser** Folge: **Kein Platz für Gefühle** (Original: No Room At The Inn)	(Original: Spencer: For Hire) Rolle: unbekannt
1982	**The Comic Strip Presents** Folge: **Slags**	Rolle: Ricki
1981	**Bergerac** Folge: **See You In Moscow**	Rolle: Bill
1981	**The Grudge Fight**	Rolle: Chief Hook
1980	**Love In A Cold Climate**	Rolle: Tony Crozier
1979	**Secret Army** Folge: **A Safe Harbor**	Rolle: Hanslick
1978	**Lillie**	Rolle: William Le Breton
	Enemy At The Door	Rolle: unbekannt
	Howards Way	Rolle: unbekannt

T H E A T E R (Hinweis: Es konnte aufgrund unterschiedlicher Angaben kein vollständiges Verzeichnis erstellt werden)

- Anatol In Love
- Around The World In 80 Days
- Confidential Clerk
- Danton´s Death
- The Heiress
- Lady Windermere´s Fan
- Otherwise Engaged
- The Rocky Horror Picture
- Rosencrantz And Guildernstern Are Dead
- Yonadab

- Chess
- Godspell
- Henry V
- Julius Caesar
- A Patriot For Me
- Prince Of Homburg
- Rope
- Show-See How They Run
- Teeth And Smiles

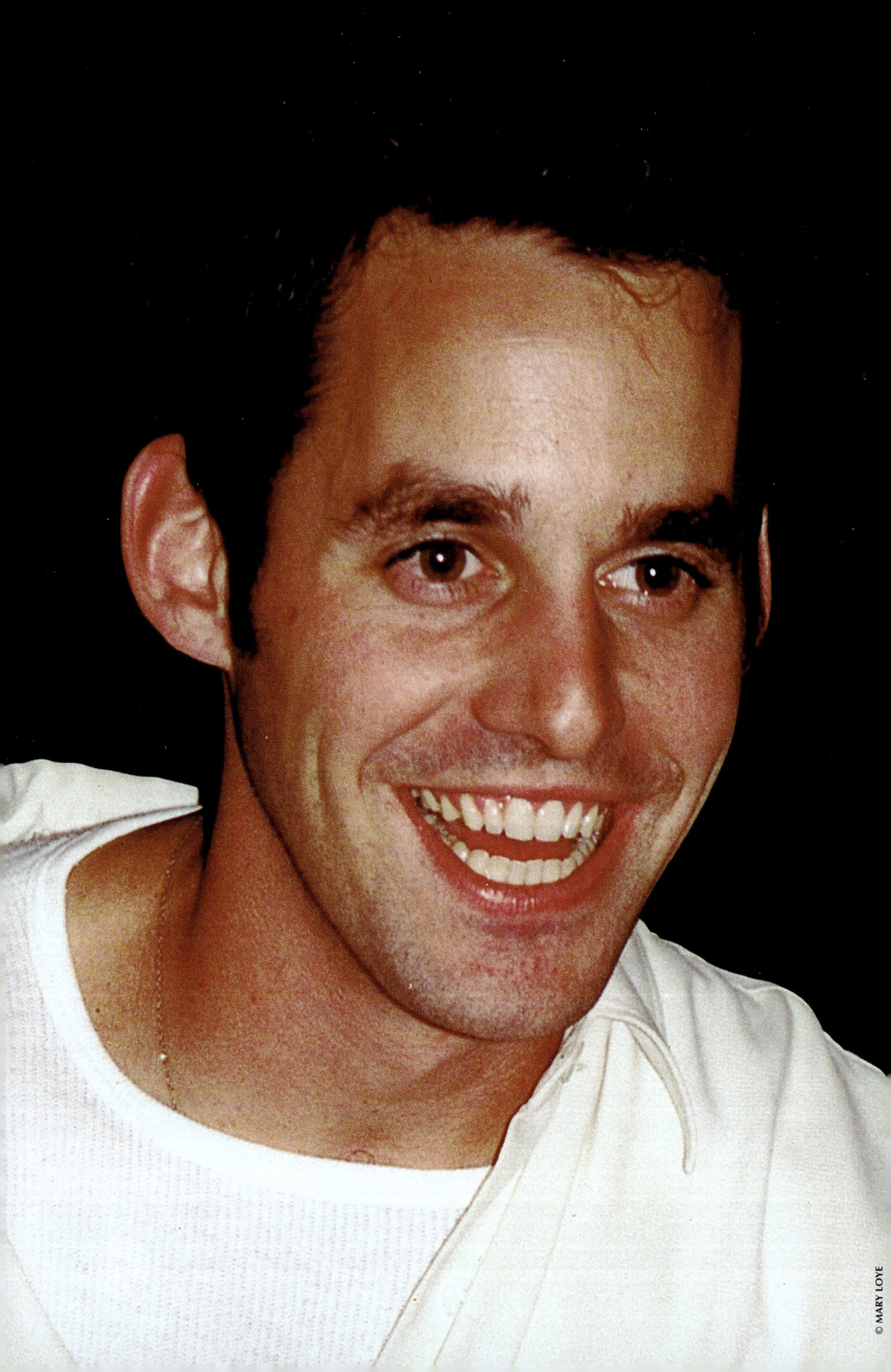

Xander heißt eigentlich Alexander LaVelle Harris. Er ist ein Junge, der nicht unbedingt weiß, wie attraktiv er ist und der sich selbst als Verlierer in Bezug auf Mädchen vorkommt. Auch wenn ihm das richtige Leben und die Realität oft das Gegenteil beweisen. Xander Harris wurde in Sunnydale geboren und ist dort auch aufgewachsen. In seiner Familie gab es des öfteren diverse Probleme, weshalb sich Xander einen ganz eigenen Sinn für Humor angeeignet hat. Sein Motto lautet: Du musst lernen im Leben zu lachen, und es nicht zu ernst zu nehmen. Willow Rosenberg ist eine Freundin aus Kindertagen, mit der er auch heute noch eng befreundet ist und die in ihm manchmal mehr sah, als nur den Jungen von nebenan. Seinen besten Freund Jesse musste Xander töten, als er sich in einen Vampir verwandelt hatte. Bis zu dem Tage als Buffy nach Sunnydale kam, verlief sein Leben ruhig und ereignislos. In der Schule war er nie sonderlich gut, entwickelte sich aber schnell zum unerschrockenen Helfer, der Buffy in jeder Situation beistand. Buffy ist Xanders große (unerreichbare) Liebe, weshalb er auch immer auf Angel eifersüchtig war und ein gespanntes Verhältnis zu ihm hatte. Während er für Buffy nie mehr als ein guter Freund war, hatte Xander auf andere Mädchen in seiner Umgebung eine weitaus stärkere Ausstrahlung gehabt. Neben Ampata und der Lehrerin Natalie French erlagen auch Willow, Cordelia und Faith seinem Charme. Nach der Trennung von Cordelia versuchte ihn Amy Madison für sich zu gewinnen. Xander ist ein Freund, der immer zur Stelle ist, wenn er gebraucht wird und auch schon mal über seinen eigenen Schatten springt.

Gespielt wird Xander Harris von dem relativ unbekannten Nicholas Brendon. Er wurde am 12. April 1971 als Nicholas Brendon Schultz, zusammen mit seinem Zwillingsbruder Kelly, in Los Angeles geboren. Nicholas, der privat nur Nicky genannt wird, wuchs im Stadtteil Granada Hills im San Fernando Valley auf. Sein Vater Bob arbeitete als Autoverkäufer und seine Mutter Kathy als Theateragentin. Neben Kelly, der genau drei Minuten älter ist als er, hat Nicholas noch zwei jüngere Brüder, Christian und Kyle. Die Kindheit von Nicky verlief ziemlich normal, bis auf das sein Bruder bei Geburtstagsfeiern immer zuerst an der Reihe war, was Gratulation und Kuchen betraf. Er ging in die öffentliche Schule, eigentlich mit mäßigem Erfolg, und hatte manchmal mit seinem Zwillingsbruder Kelly versucht, die Lehrer dadurch zu ärgern, dass sie ihre Stunden untereinander austauschten. Nicholas war kein besonders guter Schüler, aber er mochte Naturwissenschaft und englische Literatur. Seine Lieblingslektüre waren die Bücher von C.S. Lewis und "The Giving Tree" von Shel Silverstein. Heute finden sich Werke von Ernest Hemingway und allerlei Mysterientitel auf seinem Bücherregal. Bessere Leistungen erzielte er hingegen im sportlichen Bereich, seiner großen Leidenschaft. Insbesondere im Baseball Team, wo er im rechten Feld spielte, überzeugte er durch exzellentes Können. Hätte man ihn zu dieser Zeit nach seinem Berufswunsch gefragt, wäre die Antwort "Baseball Profi" gewesen. Sein Ziel war es für die Los Angeles Dodgers zu spielen. Nicholas hatte aber noch einen weiteren Berufswunsch, nämlich Arzt. Den Wunsch einmal im Showbusiness zu arbeiten, gab es in diesen Tag nicht.

Während seiner High School Zeit war Nicholas Brendon sehr schüchtern und unterschied sich durch nichts von den gewöhnlichen Kids. Er hatte Pickel, wie viele andere und Angst davor Mädchen anzusprechen. Die Schulzeit war ihm auch ein Greul, denn er fand, dass die Leute dort zu hart mit ihm umgingen. An der Chatsworth High ging er zusammen mit Leonardo DiCaprio in eine Klasse, der das genaue Gegenteil von ihm war. Nicholas war unsicher und schweigsam. Grund dafür war sicherlich auch, dass er Probleme mit dem Sprechen hatte. Jedes Mal wenn er mit Leuten sprechen sollte, begann er zu stottern. Mit einem solchen Handicap träumt niemand davon ausgerechnet Schauspieler zu werden. Obwohl er einige gute Freunde hatte, bekam

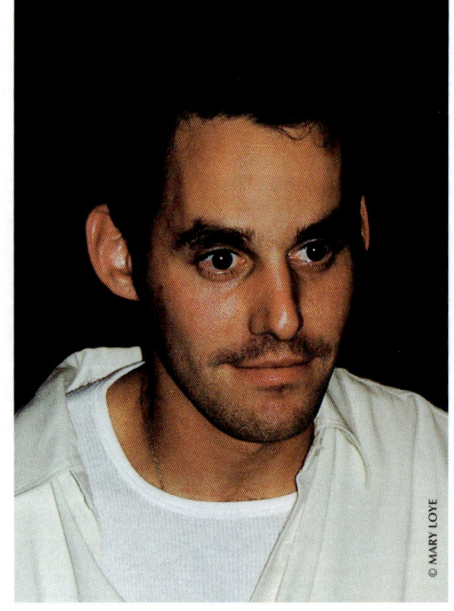

er aufgrund seiner Sprachprobleme auch nie eine Verabredung mit einem Mädchen. Es war überhaupt die schlimmste Zeit in seinem Leben. Ein Jahr nach seinem Abschluss brach er sich den Ellbogen und musste seinen Traum Baseball-Profi zu werden aufgeben. Außerdem war die Schule nicht so gut gelaufen wie er wollte, so dass auch der zweite Traum - Medizin zu studieren - in weite Ferne rückte. Und als ob das nicht bereits genug für sein junges Leben wäre, kam noch erschwerend hinzu, dass sich seine Eltern trennten. Nicholas hatte das Gefühl, sein Leben nicht in den Griff zu bekommen und sich ständig nur im Kreis zu drehen. Obwohl Kathy Schultz als Theater-

© MARY LOYE

© CHRISTINA RADISH

agentin jobbte, hatten ihre Söhne damals nicht die Intention eine Schauspielkarriere einzuschlagen. Sie verlebten eine ganz normale Kindheit weit außerhalb des Showbusiness. Nicholas liebte es zwar, die Leute zum Lachen zu bringen, tat dies aber nur deshalb, um sich den damit verbunden Kick an Lebensenergie zu holen. Doch irgendwann entwickelte sich mit fortschreitendem Alter eine regelrechte Leidenschaft daraus. Zuerst beschränkte er seine Aktivitäten jedoch nur auf seine Familie und freute sich über die Reaktionen, die er dort durch seine Witze und Späße hervorrief. Es machte ihm unglaublichen Spaß, aber daraus erwuchs nicht sofort der Wunsch, Karriere im Comedy Bereich zu machen. Nicholas wusste nur zu gut wie hart die Welt außerhalb der Familie war. Die Öffentlichkeit liebt es, Menschen zu kritisieren und das war etwas, worauf er in diesem Lebensabschnitt gerne verzichten wollte.

Aber die Erlebnisse hatten auch den Nebeneffekt, dass sich Nicholas mehr auf die Frage nach dem Sinn des Lebens einschwor. So suchte er in seinem Glauben nach einer Antwort. Die High School war zu Ende und seine Eltern standen kurz vor der Scheidung. Die Frage nach der Zukunft brannte ihm auf der Zunge. Der Traum von der Profi-Karriere im Baseball war durch seine Ellbogenverletzung ausgeträumt und für das Medizinstudium fehlten ihm die entsprechenden Noten. Nach zermürbender Selbststudie, die keinen Erfolg brachte, wandte sich Nicholas an Gott. Er begann mit ihm zu sprechen und bat ihn um ein Zeichen, aus dem er schließen konnte, was er tun sollte. Danach kamen ihm zwei Gedanken. Der Erste besagte, dass er es liebte Leute zu unterhalten. Gleichgültig der Tatsache, das es nur im privaten Rahmen war und ihn bisher nur seine Familie in dieser Arbeit akzeptierte. Der zweite Gedanke bezog sich auf seine Mutter, der er nach der Scheidung finanziell helfen wollte. Eigentlich blieb nur das Showbusiness als richtiger Weg übrig. Aber da gab es noch die Stotterei, die das Vorhaben mehr als fragwürdig machte. Doch Nicholas Brendon hat sich dazu entschieden über seinen Schatten zu springen. Wenn sich sein Leben ändern sollte, musste er auch die Courage aufbringen, eine unumstößliche Entscheidung zu treffen. Er entschied sich dafür, es zu tun, denn er wollte in seinem Leben auch einmal auf etwas zurückblicken können. Wer sich nicht entscheiden kann einen Schritt zu wagen, der mit Risiken verbunden ist und das gewohnte Sicherheitsbedürfnis überschreitet, kommt im Leben zu nichts. Also setzte er zuerst seine Eltern davon in Kenntnis, dass sein Lebensziel fortan die Schauspielerei sein würde. Diese waren nicht sonderlich erbaut von seinem Vorhaben. Aber die Entscheidung war gefallen und Nicholas machte sich mit seinen zwanzig Jahren daran, an seiner Stotterei zu arbeiten. Die Anfänge waren hart und zermürbend, denn er verzichtete bewusst auf die Hilfe eines Sprachtherapeuten. Stattdessen ging er das Problem allein an, indem er ständig schwierige Wörter und Passagen trainierte. Desweitern versuchte er langsamer zu sprechen. Nach einigen Jahre hatte er die Stotterei dann soweit unter Kontrolle, dass er die Arbeit im Showbusiness antreten und für Rollen vorsprechen konnte. Seine Mutter übernahm dabei die Rolle der Agentin und verschaffte ihm erste Vorsprechtermine. Trotzdem wurde er nicht einfach so über Nacht Schauspieler und die Rollenangebote flatterten nicht einfach so ins Haus. In der Regel bedeutete ein Vorsprechtermin nicht schon die Garantie auf eine Rolle und als Newcomer durfte man zu Beginn nicht wählerisch sein. Also gab es zuerst keine Film- oder Fernsehrolle für Nicholas zu ergattern, sondern "nur" eine Rolle in einem Werbespot für Clearasil. Der Spot brachte zumindest Geld ein und Nicholas konnte erste Erfahrungen vor der Kamera sammeln. Danach folgten noch Werbespots für Burger King und Sprite. In der Zwischenzeit versuchte er, seine Schauspielfähigkeiten mit kleinen Rollen zu verbessern und trat in einigen

Theaterstücken auf. Aber das alles reichte nicht aus, um die Miete zu bezahlen und davon zu leben. Also ging er neben der Rollensuche jobben und versuchte sich unter anderem als Gelegenheitsarbeiter, als Elektriker, als Klempner, als Ober und auch als Bürobote. Nicholas hatte im Alter von 20 Jahren den Einstieg in die Schauspielerei gewagt und nach einigen Jahren entschieden, es wieder zu lassen. Er war frustriert und beschloss aufs College zu gehen, wo er schließlich drei Jahre blieb.

Und dann war es ausgerechnet ein Job, der nichts mit der Schauspielerei zu tun hatte, der ihm zu seinem ersten Durchbruch verhalf. Nicholas bekam eine Anstellung als Produktionsassistent bei der TV-Comedy Serie **DAVE`S WORLD**. Leider war es keine dauerhafte Beschäftigung und ihm wurde schon bald darauf wieder gekündigt. Der Chef des Besetzungsbüros der Serie war dann auch der Meinung, dass Nicholas eigentlich eher vor der Kamera stehen sollte und nicht dahinter. Bei der Kündigung sagte er ihm dann, dass er schauspielern soll und gab ihm auch die Möglichkeit bei einer Folge der Serie als Schauspieler mitzuwirken.

Dieser Auftritt führte schließlich dazu, dass er noch weitere kleine Rollen erhielt. Zum einen ergab sich ein Gastauftritt in einer Folge der Serie **EINE SCHRECKLICH NETTE FAMILIE (Originaltitel: MAR-RIED...WITH CHILDREN)** und als Extra (ohne Nennung in der Besetzungsliste) in dem Kinofilm **KINDER DES ZORNS III (Originaltitel: CHILDREN OF THE CORN III)**.

Die ganze Entwicklung hatte sich über viele Jahre hingezogen und als er 25 Jahre alt war, kam **BUFFY**.

Zu dieser Zeit war Nicholas mit einem Mädchen befreundet, das ebenfalls im Showbusiness arbeitete. Ihre Mutter war Agentin und brachte Nicky schließlich zu **BUFFY**, als sie für ihn ein Vorsprechen arrangierte. Als er dann sehr nervös zum Vorsprechtermin erschien, musste er erfahren, dass die Serie zu diesem Zeitpunkt noch nicht einmal geplant war. Auch ein Pilotfilm war noch nicht vorhanden oder gar in Planung. Bei der ganzen Angelegenheit ging es lediglich um eine kurze Präsentation von 30 Minuten für die Produktionsfirma, mehr nicht. Nicholas war auf der Bühne so gut, dass Casting Director Marcia Shulman ihn vormerkte. Noch am selben Tag traf er sich dann mit Joss Whedon und Gail Berman. Am nächsten Tag wurde bei der Produktionsfirma Fox eine Testsequenz gedreht und kurz darauf fand noch ein weiterer Test bei Warner Bros. Network statt. Zwei Tage später bekam er einen Anruf und die Zusage für die Rolle des Alexander LaVelle Harris in **BUFFY - IM BANN DER DÄMONEN (Originaltitel: BUFFY THE VAMPIRE SLAYER)**. Alles in allem waren das vier Tage, die sein ganzes Leben veränderten.

Nach einer bangen Phase des Wartens auf den Produktionsauftrag von Warner Bros. Network, begannen dann 1996 die Dreharbeiten für die Serie. Die Mitarbeit an **BUFFY** kann als erster wirklicher Schauspieljob bezeichnet werden, denn hier erhielt Nicholas Brendon zum ersten Mal eine vollständige Nennung auf der Besetzungsliste. Der Rest ist, wie bei allen anderen Darstellern, Geschichte.

Natürlich wird Nicky oft nach seiner Rolle als Xander gefragt, und ob er auch in Wirklichkeit so ist. Aber da muss er seine Fans enttäuschen, denn Xander und er haben fast nichts gemein. Sie teilen lediglich den selben Sinn für Humor. An seiner Rolle liebt er besonders, dass Xander Harris eine Menge Liebe geben kann, dass er lustig ist, Emotionen hat und das er unsicher ist. Weiter äußerte er sich in einem Interview dazu: "Er ist die Sorte von Kids, die mit ihrer Unsicherheit dadurch umgehen wollen, dass sie versuchen, andere zum Lachen zu bringen. Es ist ein Weg, um sich selbst sicher zu fühlen. Nicht irgendwen groß an sich heranlassen."

Nicholas Brendon ist jedoch um einiges komplizierter als Xander Harris. Er ist zwar aufgeschlossen, unbefangen und man kommt mit ihm leicht ins Gespräch, aber er hat auch eine introvertierte Seite. Wenn Dinge nicht sehr gut laufen, möchte er mit seinen Gedanken alleine sein. Dann sitzt er in einem Klappstuhl auf seinem Balkon und schaut auf die Hollywood Hills. Nicky verbringt seine Freizeit am liebsten zu Hause. Sein Domizil ist eine Villa aus den 20er Jahren, die im spanischen Stil erbaut wurde. Hier wohnt er mit seiner Freundin Wendy, seinem Bruder Kelly und dessen Freundin Lindsay. Sein Bruder Kelly ist nach wie vor auch sein bester Freund.

Die Einrichtung in seinem Haus besteht zu einem großen Teil aus Antiquitäten, die Nicholas zu günstigen Preis überall zusammen gekauft hat. Ein besonderes Faible hat er für Schaukelstühle, wovon sich immerhin fünf verschiedene in der Villa finden lassen. Wenn man durch das Haus geht, fällt vor allem auch auf, dass Nicky eine ausgesprochene Sammelleidenschaft pflegt. So gibt es

© TWENTIETH CENTURY FOX FILM CORPORATION

neben zahlreichen Musik CDs, die von Klassik, Jazz und Rock bis bin zu Country Music reichen, auch eine Menge alter Filme zu bestaunen. Er sammelt sie aber nicht nur, sondern benutzt sie auch als Hilfsmittel, um seine Schauspieltechniken einzustudieren. In seinem Wohnzimmer hängt ein Porträt der Jazz Legende Louis Armstrong, den Nicky zu seinen großen Idolen zählt.

Kelly und Nick schauen nicht nur gleich aus, sondern teilen auch die Liebe für das schauspielern. Sie haben beide einen großen Sinn für Humor und sind beide cool drauf. Obwohl es anfangs überaus stressig für Kelly war, immer mit seinem berühmten Bruder verwechselt zu werden, hat sich die Situation über die Jahre hinweg eingeschliffen. Ihre Familie und engsten Freunde haben allerdings kein Problem damit, sie auseinander zu halten.

Von Fans auf der Straße erkannt zu werden, ist für die beiden zum Alltag geworden. Früher war es absolut neu für Nicholas, aber es gab ihm irgendwie eine besondere Lebensenergie. In einem Interview äußerte er sich auf die Frage nach den Fans sehr bemerkenswert: "Wenn du Schauspieler bist, hast du einen unsignierten Vertrag mit den Fans. Wenn ich zum Beispiel in Beverly Hills ein Haus kaufen würde, sind es meine Fans und die Leute die meine Arbeit mögen, die mir geholfen haben, dieses Haus zu kaufen. Also ist es so, dass ich

Autogrammwünsche erfülle. Das ist sehr wichtig für die Karriere. Man muss sich dafür bedanken und das vorlegte Papier unterschreiben. Aber es ist mehr, als nur eine Verpflichtung. Es ist auch ein großartiges Gefühl. Die Leute vermitteln dir damit ihre Anerkennung, und wie kann man darauf verzichten? Natürlich gibt es auch unangemessene Zeiten, wo Leute auftauchen und um ein Autogramm bitten. Damit muss man einfach umgehen können."

Nicholas Brendon ist trotz eines eigenen Haustandes noch stark mit seiner ganzen Familie verwurzelt. Er sieht seine Mutter und seine jüngeren Brüder sehr oft. Und sein Vater ruft einmal die Woche an.

Das Thema Frauen wird in Interviews immer wieder gerne angesprochen und Nicky hat sich oft dazu geäußert. Er sieht sich selbst nicht als cooler Typ und fühlt sich auch heute noch etwas unsicher, wenn er eine Frau, die er mag, anspricht. Nicky gibt zu, dass er dann sehr nervös ist und manchmal dumme Sachen erzählt, genau wie als Teenager. Angesprochen auf die Qualitäten seiner Traumfrau sagte er in einem Interview: "Das Mädchen mit dem ich ein Date haben möchte, muss zwei Qualitäten aufweisen. Humor muss sie haben, und sie muss einstecken wie auch austeilen können. So komisch das klingt, ihr Aussehen spielt für mich keine Rolle."

Als Xander Harris in **BUFFY** hat Nicholas oftmals die Gelegenheit bekommen, schöne Frauen in den Armen zu halten. Zu Beginn der 1. Staffel hatte er sich in Buffy verliebt, aber auch Willow übte gewisse Reize auf ihn aus. In der 2. Staffel durfte er dann das Mädchen in die Arme schließen, von dem man es am wenigstens erwartet hätte - Cordelia Chase. Das Mädchen aus reichem Haus, die normalerweise nur auf einem Weg mit ihm sprach, nämlich von oben herab, entdeckte plötzlich ihre Leidenschaft zu ihm. Nicky gab in einem Interview, in dem er danach gefragt wurde, mit welchem Mädchen aus **BUFFY** er am liebsten ausgehen würde, auch Cordelia als seine Favoriten an.

Betrachtet man die Entwicklung der Serie **BUFFY - IM BANN DER DÄMONEN**, so kann man augenscheinlich feststellen, dass Nicholas Brendon die Idealbesetzung für Xander Harris ist. Er hat die Rolle erstaunlich gut entwickelt und ist regelrecht in sie hineingewachsen.

Seine Zukunft sieht Nicky nach wie vor bei **BUFFY**. Er ist in der 5. Staffel, die ab Juli 2000 in den USA gedreht wird, wieder mit von der Partie und wird den Part des Xander auch solange spielen, wie die Serie läuft. Irgendwann möchte er zwar schon einmal in einem großen Kinofilm mitwirken, aber nur, wenn es die zeitliche Planung zu **BUFFY** nicht gefährdet. Bei seinem Auftritt in **PSYCHO BEACH PARTY** begannen gerade die Dreharbeiten für **BUFFY** wieder, so dass er eine Sondererlaubnis der Serienproduzenten erhielt, um daran teilnehmen zu können. Nicholas Brendon ist auch sehr wählerisch, was die

Auswahl der Filmstoffe betrifft. Er möchte im Grunde weg vom Horror Genre und einmal etwas mit Tiefgang spielen, in irgendeinem kleinen unabhängigen Film. Aber er möchte auch einmal selbst ein Drehbuch schreiben und Regie führen. Sich nicht nur auf die Arbeit vor der Kamera beschränken, sondern auch einmal hinter den Kulissen tätig werden. Er möchte gute Arbeit leisten, in Erinnerung bleiben und die Leute inspirieren. Das ist ihm viel wichtiger als irgendeine Rolle zu spielen. Doch noch ist das alles Zukunftsmusik, denn solange **BUFFY** läuft, wird er dort sein Geld verdienen.

Trotz einer täglichen Arbeitszeit von 10 bis 14 Stunden macht ihm die Arbeit am **BUFFY** Set noch genauso viel Spaß wie zu Beginn der Serie. In der Regel dauern die Dreharbeiten für eine Folge 8 Tage. Die Drehbücher gibt es erst zu Beginn jeder neuen Folge, wodurch keine Vorbereitungszeit vorhanden ist. Angesprochen auf seine Kollegen gibt Nicky zu, dass er am meisten von Sarah Michelle Gellar begeistert war. Ihre professionelle Arbeit hat ihn tief beeindruckt. Auch Alyson Hannigan findet er wunderbar. Alle arbeiten sehr hart und professionell, wobei es manchmal auch zu der ein oder anderen Meinungsverschiedenheit kommt. Aber alles in allem sind sie sehr gute Freunde.

Nicholas beste Freunde am Set von **BUFFY** sind Anthony Stewart Head (Rupert Giles) und David Boreanaz (Angel), mit denen er auch hin und wieder kleine Scherze zur Unterhaltung der Crew inszeniert.

Während Xander an die Existenz von Vampiren und Dämonen glaubt, verbannt Nicholas Brendon solche Dinge ins Reich der Fabeln. Er glaubt nicht daran, das so etwas existiert, was man in der Serie sieht. Angesprochen darauf, was sein Lebensmotto sei, antwortete er in einem Interview: "Du musst einen Humor entwickeln, der aus den Höhen und Tiefen des Lebens resultiert. Man muss lernen zu lachen und das Leben nicht so ernst zu nehmen. Versuche nie, dass Kind in dir zu verlieren. Und denke daran, es gibt nichts, was man nicht tun kann; wenn man etwas tun will, muss man es tun."

FILME

2000   **Psycho Beach Party**
(Original: Psycho Beach Party)
Rolle: Startcat

        Pinata
(Original: Pinata)
Rolle: Kyle

1994   **Kinder des Zorns III**
(Original: Children Of The Corn III: Urban Harvest)
Rolle: Namenloser Basketball Spieler

FERNSEHEN

2001   **Buffy - Im Bann der Dämonen**
(Original: Buffy The Vampire Slayer)
5. Staffel
Rolle in allen Folgen: Xander Harris - Stammbesetzung

2000   **Buffy - Im Bann der Dämonen**
(Original: Buffy The Vampire Slayer)
4. Staffel
Rolle in allen Folgen: Xander Harris - Stammbesetzung

1999   **Buffy - Im Bann der Dämonen**
(Original: Buffy The Vampire Slayer)
3. Staffel
Rolle in allen Folgen: Xander Harris - Stammbesetzung

1998   **Buffy - Im Bann der Dämonen**
(Original: Buffy The Vampire Slayer)
2. Staffel
Rolle in allen Folgen: Xander Harris - Stammbesetzung

1997   **Buffy - Im Bann der Dämonen**
(Original: Buffy The Vampire Slayer)
1. Staffel
Rolle in allen Folgen: Xander Harris - Stammbesetzung

1994   **Secret Lives (Pilotfilm)**
(wurde nicht als Serie realisiert)

1993 **Dave´s World**
(Original: Dave´s World)
Produktions-Assistent / Darsteller in einer Folge

1987 **Eine schrecklich nette Familie**
(Original: Married…With Children)
Folge: **Straßenkämpfe**
(Original: Hood In The Boyz)
Rolle: Mitglied der Gang von Ray-Ray´s

THEATER

1994 **The Further Adventures Of Tom Sawyer**

My Own Private Hollywood

1991 **Out Of Gas On Lover´s Leap**

ALYSON HANNIGAN

Wer an der High School mit guten Noten glänzt und seinen Mitschülern sogar Nachhilfe geben kann, ist oftmals ein ungeliebter Außenseiter. Die hochintelligente, aber sehr schüchterne Willow Rosenberg hat genau diese Fähigkeiten, die sie nicht gerade zur beliebtesten Schülerin machen. Willow wurde in Sunnydale als Tochter von Ira und Sheila Rosenberg geboren. Ihre Kindheit und Jugend verlief nicht immer problemlos und seit dem ihre Mutter versucht hatte, sie auf einem Scheiterhaufen zu verbrennen, ist der Kontakt nur noch auf ein absolutes Minimum begrenzt. Willow ging im Gegensatz zu anderen Kids ihres Alters sehr gern zur Schule und hat es auf dem Computerbereich schon in früher Jugend zum Meisterstatus gebracht. Seit sie Buffy und Giles kennengelernt hat, kommen den Vampirjägern diese Fähigkeiten nicht selten sehr gelegen, um an wichtige Informationen aus sonst unzugänglichen Aufzeichnungs- und Datenbanken zu gelangen. Denn auch wenn Willow nur gelegentlich und unwillentlich bei der Vernichtung von Dämonen assistiert, sind ihr überlegter Rat und ihre Unterstützung doch immer mehr als willkommen. Dennoch ist ihr das Okkulte nicht übermäßig vertraut; zwar hat sie bereits erfolgreich den ein oder anderen Zauber bewirkt, aber dass

AMERICAN PIE

sie Amy, die in eine Ratte verwandelt wurde, nicht helfen konnte, zeigt, dass sie ihre Kenntnisse der Hexerei durchaus noch vertiefen muss. Mit Xander verbindet sie eine Freundschaft, die seit der gemeinsam verbrachten Kindheit besteht - vor allem von Willows Seite gehen zuweilen die Gefühle sogar tiefer, auch wenn beide bereits anderweitig liiert sind. Aber diese Schwäche von Willow und auch ihre neuerliche (durchaus romantische) Beziehung zur jungen Hexe Tara gefährden nicht tatsächlich ihre eigentliche Liebe zu Oz, dem zeitweiligen Werwolf, zeitweiligen Rockgitarristen und zu jeder Zeit schweigsamen jungen Mann.

© TWENTIETH CENTURY FOX FILM CORPORATION

Gespielt wird Willow Rosenberg von der routinierten Alyson Hannigan, die neben Sarah Michelle Gellar und Anthony Stewart Head zu den alten Hasen im Showbusiness zählt. Sie wurde am 24. März 1974 in Washington D.C. geboren, und von klein auf zeigte sich ihr außerordentliches Talent. Bereits als Baby diente sie ihren Eltern, die sich beide mit Fotographie beschäftigten, als Model. Als Alyson zwei Jahre alt war, ließen sich ihre Eltern scheiden. Die Mutter ging weiter ihrer Tätigkeit als Immobilienmaklerin nach und der Vater arbeitete in Missouri als Lastwagenfahrer. Als sie alt genug war, um ihre ersten Entscheidungen allein zu treffen, schlug ihre Mutter Auftritte in einigen Werbe-spots vor, und Alyson erklärte sich begeistert einverstanden, wodurch sie schon früh Kameraerfahrung sammeln konnte. Nach jenen ersten Erfolgen in Werbespots für Oreo´s, McDonalds und den Six Flag`s Freizeitpark erschien ein Umzug nach Los Angeles angeraten, als Alyson gerade elf war, um ihrer Laufbahn in Film und Fernsehen nichts im Wege stehen zu lassen. Keine Gelegenheit wollte sie sich entgehen lassen, und so schaffte sie es tatsächlich, eine Hauptrolle in dem Film **MEINE STIEFMUTTER IST EIN ALIEN (Originaltitel: My Stepmother Is An Alien)** zu bekommen - an der Seite von Dan Aykroyd, Kim Basinger und Seth Green, der jetzt interessanterweise den Oz in **BUFFY** spielt. Seit diesem spektakulären Einstieg in ihre Karriere hatte sie Gastauftritte in den verschiedensten TV-Serien, darunter die auch in Deutschland ausgestrahlten **PICKET FENCES - TATORT GARTEN-ZAUN** und **ROSEANNE**. Sie war in diversen Fernsehfilmen zu sehen und immer öfter auch auf der Leinwand, so zum Beispiel zuletzt in der erfolgreichen Teenager-Komödie **AMERICAN PIE** und bald in den beiden Streifen **BOYS AND GIRLS** und **BEYOND CITY LIMITS**, die noch

in diesem Jahr in den Kinos zu sehen sein werden. Trotzdem stieg ihr der Ruhm keineswegs zu Kopf, so dass sie neben ihrer Laufbahn als Schauspielerin noch genügend Energie und Begeisterung aufbrachte, um 1992 die Abschlussprüfung an der North Hollywood High School zu absolvieren.

Ihre Pläne für die Zukunft bleiben natürlich mit dem Showgeschäft und **BUFFY** im besonderen verbunden. Auch wenn ihr Interesse an Psychologie und an Tieren nicht abgenommen hat, scheinen mit ihren Rollen vor der Kamera ihre Träume wirklich in Erfüllung zu gehen, denn im unabhängigen Filmgeschäft sieht sie die besten Möglichkeiten für die weitere Zukunft. Aber wie auch immer sich ihre Karriere weiterent-

wickeln sollte, Alysons Ziel ist es, einmal soweit zu sein, dass sie sich die Angebote und Drehbücher aussuchen kann. Weniger ziehen sie die großen Studios an, die, so Alyson, lieber auf arrivierte Stars setzen als auf talentierte Neulinge.

Die Rolle bei **BUFFY** erhielt sie dann auch durch eben dieses Talent: Obwohl sie eine lange Erfahrung im Showgeschäft nachweisen konnte, wurde sie zuerst nicht für das Vorsprechen zu den Arbeiten am Pilotfilm der Serie eingeladen. Noch dazu stellte ihr Agent die Rolle als ein scheues Mauerblümchen dar, und so wurde die erste Folge mit einer anderen Schauspielerin abgedreht. Als dann jedoch tatsächlich die Serie gestartet werden sollte, entschied man sich für eine Umbesetzung. Nach zehn Kameratests fand sich Alyson schließlich zusammen mit zwei anderen Mädchen doch in der engeren Wahl, aber alle Mühe schien umsonst, als sie das letzte Vorsprechen verpatzte, da die eben erst für sie geschriebene Szene vor technischen Fachausdrücken und Computer-Jargon überquoll. Der Produzent Joss Whedon erkannte jedoch auf Anhieb ihre Energie und sah, dass die Chemie zwischen Alyson und ihren Mitspielern Sarah und Nick stimmte: Zu ihrer größten Überraschung und Freude wurde sie engagiert.

Seit diesem Tag fühlt sie sich - obwohl später ins Team eingegliedert als die anderen Schauspieler - wohl und gut aufgehoben bei ihren Kollegen. Zwar scherzt sie gerne, sie liebe es, zur Arbeit zu kommen und Monster zu sehen; wenn man sein Auto abstelle, sehe man Dämonen, die sich auf dem Parkplatz die Zeit vertrieben! Aber der eigentliche Grund ist für sie, dass Besetzung und Stab wundervoll zusammenarbeiten. Besonders Joss habe immer ein offenes Ohr für die Probleme seiner Stars, die in einer Serie, die jedem so viel abverlangt, natürlich oft vor schwierigen Aufgaben stehen. Dies ist für Alyson jedoch auch der Reiz der Serie, dass nämlich Comedy, Horror und Action gleichermaßen ihren Platz finden. Immer werden die Grenzen überschritten, zum Beispiel von einer emotionsgeladenen High-School-Liebesszene zum nächsten überraschenden Auftritt eines im Drehbuch vorgesehenen Ungeheuers. Und mit der Zeit hat sie gelernt, mit den Schwierigkeiten ihrer Aufgabe umzugehen: Das beste Beispiel ist eine Szene aus der Folge **COMPUTERDÄMON (Originaltitel: I Robot, You Jane)**, an die sie sich jetzt noch mit einem gewissen Schauder erinnert. Es kam ihr überaus unnatürlich vor, die Anweisungen des Drehbuchs zu befolgen, das von ihr verlangte, mit einem Computer zu sprechen; so etwas tut man nicht jeden Tag, mit einer Maschine einen Dialog führen, während man gleichzeitig die Tastatur bearbeite. Beides zusammen verlangte große Konzentration, und mehr als einmal vergaß Alyson ihren Text oder den richtigen Ablauf ihrer Bewegungen. So verunsichert war sie durch diese Szene, dass sie begann, ebenfalls am Ergebnis aller vorigen und folgenden zu zweifeln. Joss aber, gerade damit beschäftigt, Episode neun umzuschreiben, und kurz davor, bei einer anderen Aufnahme Regie zu führen, kam sofort ins Studio, um Alyson zu beruhigen und ihr bei ihrer verwirrenden Aufgabe beizustehen. Er tat mehr als seine Pflicht, betont Alyson Hannigan, und dass er das für jeden seiner Schauspieler getan hätte, macht ihn so erstaunlich, macht ihn zum Herz und zur Seele der ganzen Serie. Trotzdem bleibt es für Alyson oft nervenaufreibend, meistens den komischen Part in den Dialogen innezuhaben. Denn wenn man etwas Lustiges im Drehbuch liest, klagt sie, fühlt man sich um so mehr verpflichtet, alles richtig zu machen, alles gut zu vermitteln, damit der Text nicht verdorben wird und auch der Zuschauer die Szene für witzig hält. Noch schlimmer ist es, wenn die Schauspieler zusammen das Script lesen und alle herausprusten, lachen und versichern, wie komisch diese oder jene Textstelle sei. Dann wird Alyson erst wirklich nervös. Aber nach so vielen Folgen, nach so vielen Stunden vor der

Kamera ist sie schon zum Profi geworden, der auch die Kniffe seines Metiers kennt und sie zu meistern weiß: Ein anderes Mal nämlich forderte ihre Rolle, zusammen mit Nicky einen nicht enden wollenden Lachanfall zu mimen - beide amüsieren sich über eine Albernheit Cordelias in der sechsten Klasse. Da es jedoch für Alyson niemals einfach war, auf Kommando vor der Kamera zu lachen, entschieden Nick und sie sich dafür, einen Trick anzuwenden und sich vor den Aufnahmen derart mit Zucker vollzustopfen, dass sie sich vor nervöser Energie kaum halten könnten. Jeder von ihnen verzehrte ungefähr sechs Zuckerriegel mit Maissirup und jedem vorstellbaren Süßstoff darin. Die Szene wurde ein großer Erfolg, was beweist, dass Alyson nicht immer die Unterstützung eines Erfahreneren benötigt, dass ihr Einfallsreichtum durchaus ausreicht, um ihre Rolle ganz auszufüllen. Natürlich besitzt auch sie noch große Vorbilder, besonders Steve Buscemi und - als weiblichen Star - Jodie Foster. Wenn sie aber behauptet, sie halte sich selbst nicht für eine Schauspielerin, sie trete nur auf, erledige eine Arbeit und das Wichtigste sei, den Text gelernt zu haben, so spricht daraus wohl vor allem ihre große Bescheidenheit.

Auch mit der Figur Willow Rosenberg ist Alyson Hannigan mehr als zufrieden. Willow ist für sie ein Mädchen, mit dem sich viele der Zuschauer identifizieren können, mit dem zusammen sie die Schule hätten besuchen können, vielleicht die etwas scheue beste Freundin, die alle gehabt haben, sämtlich Aspekte, die der jungen Schauspielerin zusagen. Und die Reaktionen ihrer vielen Fans geben ihr Recht: oft versichert man ihr, sie sei einer bestimmten Schulkameradin ähnlich, genauso oft finden sich die Zuschauer selbst im Charakter der Willow wieder. Dass das auch "unangenehme" Folgen haben kann, erfuhr Alyson Hannigan, als sie bemerkte, welchen Hang die Figur Willow besitzt, in große Schwierigkeiten zu geraten. Es schien ihr, als würde sie beinahe jede Folge der Serie nur mit viel Glück überleben, denn das Buch bietet stets Situationen wie: "Willow liegt im Koma" oder "Willow wird entführt". Autor Joss hält dafür allerdings eine mehr als plausible

Erklärung bereit; man könne Willow wunderbar auf diese Weise einsetzen, denn wenn sie in Gefahr gerät, fühlen die Zuschauer mit ihr. Dabei ist es aber ebenso positiv, wenn sich die Rolle in gewissem Maße auch verändert, findet Alyson; sie sähe es gerne, wenn Willow in Zukunft auch einmal dem ein oder anderen Vampir "in den Hintern treten könnte", nicht um Buffy Konkurrenz zu machen, sondern um die eigene Rolle etwas lebhafter und selbstbewusster zu gestalten. Als eine andere Entwicklung wäre auch eine Romanze für Willow nicht übel, gibt die Schauspielerin zu, da ihre Figur noch niemals wirkliche Erfahrungen auf diesem Gebiet sammeln durfte. Vor die Entscheidung gestellt, wen Willow am liebsten küssen würde, Oz, Xander oder Angel, muss Alyson jedoch gestehen, dass das keine einfache Frage sei. Sie hofft, bei allen drei einmal eine Chance zu bekommen, aber Oz würde auf jeden Fall ihren Kuss erwidern, also dürfte Willow sich wohl an ihn halten. Trotz Willows langjähriger Beziehung zu Oz und trotz ihrer kaum erwiderten und einseitigen Zuneigung zu Xander markierte doch ihre erste Begegnung mit Angel (David Boreanaz) in der Serie eine leichte Verschiebung ihrer Sichtweisen und Vorlieben, ihre Rollenpartner betreffend: Ihr Treffen mit dem guten Vampir, der auf Buffys und ihrer Seite steht, veranlasste sie umgehend, dem Autor, Regisseur und Produzenten Joss den Vorschlag zu machen, die Bekanntschaft zwischen den beiden auszubauen. "Angel und Willow" - das erschien ihr sofort eine großartige Kombination. Nicht nur Alyson, auch David versuchte, Joss für diese Idee zu erwärmen, aber letztlich wird wohl nicht wirklich etwas zwischen den beiden geschehen können. Ob nur Willow darüber betrübt ist, bei Angel nicht landen zu können, oder ob Alyson genauso gerne einmal David näher kennenlernen würde, sei dahingestellt. Aber sowohl sie als auch er sind in festen Beziehungen, und so bleibt nur der Flirt in ihren Rollen und vor der Kamera. (Doch vielleicht ist die Tatsache, dass sich Alyson vor kurzem die Haare scharlachrot gefärbt hat, ein Zeichen dafür, dass auch Willow etwas freizügiger und verführerischer werden möchte.)

Was aber tut Alyson, wenn sie einmal nicht vor der Kamera stehen muss, wenn am Wochenende keine Aufnahmen gemacht werden? Sie selbst beschreibt sich als einen eher häuslichen Typ. Da sie aufgrund ihrer Schauspielerei soviel unterwegs ist, so viele Menschen kennenlernt und sich neuen Herausforderungen stellen muss, liebt sie es, die Samstage und Sonntage zu Hause zu verbringen, wo sie ungestört entspannen und ihren Leidenschaften nachgehen darf. Diese Zeit verbringt sie am liebsten zusammen mit ihren Katzen und Hunden, bestellt telefonisch Pizza oder chinesische Mahlzeiten, und bis vor einiger Zeit war auch das Surfen im Internet, die Beschäftigung mit ihrem Computer eine ihrer Lieblingsbeschäftigungen. Zwar kann sie, wie sie

gesteht, nicht wie Willow Rechnersysteme knacken, aber sicherlich besitzt sie mittlerweile einige Routine am Monitor. Für lange Zeit besuchte sie zudem regelmäßig die Buffy-Fan-Webseiten, immer bemüht, alle Anfragen, Autogrammwünsche und jede elektronische Fanpost zu beantworten; seit kurzem jedoch musste sie diesen Anspruch leider aufgeben, denn mit ihrem wachsenden Ruhm und Bekanntheitsgrad wurde es zunehmend unmöglich, die vielen Tausend Mails alle zu lesen, geschweige denn, jedem begeisterten Zuschauer eine Antwort zukommen zu lassen. (Mittlerweile existieren im Netz über hundert Seiten, aufgelistet von der Alyson-Hannigan-Fan-Vereinigung.) Und eben dass ihr die Zeit dazu fehlt, macht ihr ein schlechtes Gewissen. Dennoch passiert es nicht selten, dass sie Briefe erhält, in denen auch die Telefonnummer des Fans angegeben ist. Und dann ruft sie tatsächlich zurück, auch wenn der überraschte Fernsehzuschauer, der das ganz und gar nicht erwartet hat, von Alyson jedes Mal erst mühsam davon überzeugt werden muss, dass sich niemand einen Scherz erlaubt, dass wirklich Willow Rosenberg aus der Serie **BUFFY** am Telefon ist. Ihre Natürlichkeit und Freude, wenn sie die Menschen begeistern kann, hat sich Alyson auch nach ihrem immensen Erfolg im Fernsehen erhalten. Niemand wusste, dass die Serie so bekannt werden würde, auch nicht die junge Alyson, und stets, wenn jemand auf der Straße sie anspricht und wenn sie in der Öffentlichkeit erkannt wird, ist sie von neuem erstaunt, überaus freund-lich und offen. Aber sie widmet sich natürlich nicht ausschließlich der Post ihrer Fans, genauso gerne schwingt sie sich auf ihr Fahrrad, um ihr Viertel von L.A. zu erkunden und um fit zu bleiben. Auch wenn Willow in der Serie eher ein Bücherwurm ist, könnte Alyson den Sport doch nicht missen; sie fährt nicht nur Rad, sie trainiert auch regel-mäßig Kick-Boxing. Letzten Endes jedoch kommt es nicht oft vor, dass sie ihre Zeit ausschließlich für sich selbst nutzen kann (obwohl sie nie-mals müde und verbraucht wirkt und niemals abfällig über ihren Starruhm spricht). Denn zuweilen verlangt ihre Bekanntheit auch an Wochenenden von ihr, an Science-Fiction-Tagungen teilzunehmen oder Wohltätigkeitsveranstaltungen zu besuchen, um für ihre Serie zu wer-ben und immer wieder mit der wachsenden Zahl ihrer Anhänger in Kontakt zu kommen. Arbeit und Freizeit vermischen sich für sie immer mehr, nicht zu vergessen sind dabei die in letzter Zeit häufigen Auftritte in Unterhaltungs- und Talkshows, bei denen sie zunehmend Professionalität und Reife offenbart.

Wenn es aber darum geht, inwiefern auch ihre Überzeugungen von ihrer Rolle in **BUFFY** geprägt sind, ob sie an die Existenz von Über-sinnlichem und Dämonen, von Vampiren, Werwölfen und Zauber-sprüchen glaubt, äußert sich Alyson diplomatisch. Ihre Philosophie ist,

dass sie nichts verärgern oder beleidigen möchte, dass vielleicht "dort draußen" existiert. Und schon gar nicht will sie, dass irgend etwas es für notwendig hält, ihr eines Nachts zu beweisen, dass es wirklich ist. Es kommt einem Eingeständnis am nächsten, wenn Alyson fragt, wer bin ich, zu behaupten, dass es keine Vampire gibt? Falls es sie aber tatsächlich gebe, möchte sie nicht diejenige sein, die mit ihnen zu tun habe. Alles könne existieren, betont sie, sie wisse, was sie denke, aber genauso gut wisse sie, dass sie sich jederzeit irren könne. Interessiert hat sie das Thema jedoch schon immer, obwohl sie sich noch niemals wirklich eingehend damit beschäftigt, Vampire und ihresgleichen nicht tatsächlich studiert hat. Ihre Faszina-tion gegenüber dem Übernatürlichen will sie aber nicht leugnen.

Wichtiger als die Frage, ob eines Nachts tatsächlich ein Ungeheuer in ihr Schlafzimmer einsteigen könnte, sind für Alyson Hannigan aber andere Dinge, vielleicht jedoch nicht diejenigen, die man bei einem jungen Mädchen zuerst erwarten würde. Keinesfalls ist ihr erstes und oberstes Ziel eine Gage wie die von Sylvester Stallone, wehrt sie ab, ebenso wenig das Aussehen oder der Lebenslauf einer Julia Roberts. Vielmehr müsse man auf die guten Dinge des Lebens aus sein. Auch wenn sie nicht immer weiß, wie das zu erreichen ist, ist ihrer Überzeugung nach doch der Weltfrieden das Erstrebenswerteste, genauso die Suche nach Heilmitteln für alle schweren Erkrankungen und auch - ein wirklich cooles Haus! Ihre Antwort ist nicht nur humorvoll - übrigens glaubt sie, den gleichen schrägen Sinn für Humor wie Willow zu besitzen, wie sie immer wieder seltsame Einfälle zu haben, die aus dem Nichts zu kommen scheinen. Wenn sie über ihre Träume und Einstellungen spricht, zeigt sich auch ihre Bescheidenheit, eine sympathische Unschuld und zudem sprühende Intelligenz. Es ist kein Wunder, dass die Fans aus aller Welt auf ihrer Seite sind, besonders wenn Alyson Hannigan nicht nur angehenden Schauspielern, sondern jedem jungen Menschen den Rat gibt: Sei positiv und lass dich durch nichts einschüchtern.

Filmographie

FILME

2000   **Boys And Girls**
Rolle: Beth

Beyond City Limits
Rolle: unbekannt

1999   **American Pie - Wie heißer Apfelkuchen**
(Original: American Pie)
Rolle: Michelle

1998   **Dead Man On Campus**
Rolle: Lucy

1988   **Meine Stiefmutter ist ein Alien**
(Original: My Stepmother Is An Alien)
Rolle: Jessie Mills

FERNSEHEN

2001   **Buffy - Im Bann der Dämonen**
(Original: Buffy The Vampire Slayer)
5. Staffel
Rolle: Willow Rosenberg - Stammbesetzung

2000   **Buffy - Im Bann der Dämonen**
(Original: Buffy The Vampire Slayer)
4. Staffel
Rolle: Willow Rosenberg - Stammbesetzung

1999   **Buffy - Im Bann der Dämonen**   (Original: Buffy The Vampire Slayer)
3. Staffel   Rolle: Willow Rosenberg - Stammbesetzung

Star Hayley Wagner   Rolle: Jenna Jakes

100 Deeds For Eddie McDowd
Folge: **Dog Day Out**   Rolle: Gigi

1998   **Buffy - Im Bann der Dämonen**   (Original: Buffy The Vampire Slayer)
2. Staffel   Rolle: Willow Rosenberg - Stammbesetzung

1997	Buffy - Im Bann der Dämonen	(Original: Buffy The Vampire Slayer)
	1. Staffel	Rolle: Willow Rosenberg - Stammbesetzung
1996	For My Daughters Honor	Rolle: unbekannt
	Verführung einer Minderjährigen	
	(Original: Indecent Seduction)	Rolle: Kelly
1995	Verliebt in einen Frauenmörder	
	(Original: The Stranger Beside Me)	Rolle: Dana
1994	Ein Hauch von Himmel	(Original: Touched By An Angel)
	Folge: Cassies Entscheidung	
	(Original: Cassie´s Choice)	Rolle: Cassie Peters
1993	Alle meine Kinder	(Original: The Torkelsons / Almost Home)
	Folge: Ein Kumpel zum Knutschen	
	(Original: The Dance)	Rolle: Samantha
	Folge: Das Rock-Konzert	
	(Original: Hot Ticket)	Rolle: Samantha
	George	Rolle: unbekannt
1992	Picket Fences - Tatort Gartenzaun	(Original: Picket Fences)
	Folge: Vergeben ist göttlich	
	(Original: To Forgive Is Divine)	Rolle: Peggy Patterson
1991	Babyswitch - Kind fremder Eltern	
	(Original: Switched At Birth)	Rolle: Gina Twigg (von 13 - 16 Jahren)
1989	Die reinste Hexerei	
	(Original: Free Spirit)	Rolle: Jessie Harper
1988	Roseanne	(Original: Roseanne)
	Folge: Schwestern	
	(Original: Like A New Job)	Rolle: Beckys Freund

CHARISMA CARPENTER

Cordelia Chase stammt aus Sunnydale und ist ein Mädchen, das man wohl an jeder High School in Amerika finden kann. Sie ist der gutaussehende, nicht selten snobistische und auf ihre Kleidung und ihren Freundeskreis äußerst bedachte Cheerleader. Zudem hat sie kaum ein Interesse daran, ihre Mitschüler gut zu behandeln, eher daran, auf die vermeintlichen Verlierer an ihrer Schule herabzuschauen. Als Buffy auftauchte, war sie zwar erst auf deren Freundschaft aus - als Buffy jedoch begann, ihre Zeit zusammen mit "unpopulären" Mitschülern zu verbringen und Cordelia außerdem noch fälschlicherweise für einen Vampir hielt und mit einem Holzpfahl attackierte, erstarb ihre aufkeimende Zuneigung umgehend. Nur langsam und zögerlich geriet sie wieder in Kontakt mit der "Scooby Gang", vor allem da sie Buffys Hilfe bei der Auseinandersetzung mit einem unsichtbaren Mädchen benötigte, das sie terrorisierte. Später unterhielt Cordy eine Beziehung zu Xander, obwohl das ihrem Ansehen schweren Schaden zufügte. Da sie aus einer wohlhabenden Familie stammt - ihr Vater ist ein karriereorientierter Workaholic, der ihre Mutter hauptsächlich zur Repräsentation geheiratet hat - rief die Nachricht, dass das Familienoberhaupt große Steuerschulden hat, natürlich einen Schock hervor: Nun war Cordelia gezwungen, tatsächlich Jobs anzunehmen, konnte seltener Einkaufen

© TWENTIETH CENTURY FOX FILM CORPORATION

gehen und hatte weniger Zeit, die Herzen der Jungen zu brechen. Als Pragmatikerin konnte man jedoch stets auf sie zählen, wenn sie in die Aktionen der Dämonenjäger verwickelt wurde, auch wenn sie sich ohne Zweifel beschwerte, dass das Töten von Vampiren so "geschmacklos" sei.

Gespielt wird Cordelia Chase von der atemberaubenden Schönheit Charisma Carpenter.
Der Stern in der Wüste Nevadas, Las Vegas, ist die Geburtsstadt von Charisma Carpenter, die hier am 23. Juli 1970 das Licht der Welt erblickte. Getauft wurde sie auf den seltenen Namen Charisma, da ihrer Mutter der Vorschlag des Vaters - Prissy - gar nicht zusagte und diese auf den Namen eines zu jener Zeit modischen Avon-Parfums bestand, obwohl der Geruch des Duftwassers ihr nicht einmal gefiel! Verständlicherweise war diese Wahl der Grund für endlose Hänseleien in der Schule, Anlass zu hundert wenig schmeichelhaften Witzen ihrer Klassenkameraden, so dass

© WARNER BROS.

sich Charisma erst in der High School langsam dazu durchringen konnte, ihren wahren Vornamen zu gebrauchen. (Bis dahin behauptete sie stets, wenn jemand danach fragen sollte, sie hieße Chrissy Carpenter.) Mit neun Jahren nahm sie an Schönheitswettbewerben für Kinder teil, was jedoch nicht als "Einstieg in ihre Laufbahn in der Unterhaltungsbranche" gelten kann, denn bis dahin sollte noch viel Zeit vergehen. Vor allem wurde sie keineswegs von ihren Eltern gedrängt, bei einer solchen Miss-Wahl mitzumachen. Ihre natürliche Schönheit wurde nicht mit einer dicken Schicht Make-up verdeckt, und man steckte sie auch nicht in eine Wolke aus Satin und Spitzen. Die Erfahrung, zum Objekt einer ehrgeizigen Mutter degradiert zu werden, blieb ihr erspart, betont Charisma, auch wenn der weitere Verlauf ihrer Kindheit und Jugend nicht als Traum bezeichnet werden kann. Zwar klingt es für viele sicherlich abenteuerlich und erstrebenswert, von Las Vegas nach Mexiko und von dort nach Kalifornien umzuziehen, und in der Familie einige freiheitsdurstige Brüder und Onkel zu haben, die ein Leben im

Sattel ihrer Harley Davidson zu schätzen wissen. Aber jeder Umzug bedeutete natürlich den neuerlichen Verlust des Freundeskreises für Charisma. Und 1983 ließen sich ihre Eltern scheiden, begannen kurz darauf eine neue Beziehung, hörten nicht auf zu streiten, bis sie sich 1996 zum zweiten Mal scheiden ließen. Sei es nun das Erbe der inneren Unruhe ihrer motorradverliebten Familienmitglieder oder eine Reaktion auf die gescheiterte Beziehung ihrer Eltern, jedenfalls begannen Charismas persönliche Schwierigkeiten in ihrer Jugend mit übermütigen Ausflügen - als sie zum Beispiel eines Abends die Corvette ihres Vaters benutzte, um ohne sein Wissen eine nächtliche Vergnügungsfahrt zu unternehmen - sowie mit schlechten Noten und mit Jungen, die sie während der Abwesenheit ihrer Mutter nach Hause einlud.

MALIBU SHORES

Aber wie jeder überwand Charisma mit der Zeit diese wilde Phase ihrer Jugend. Wegen der häufigen Umzüge ihrer Eltern besuchte sie drei verschiedene Schulen: Zuerst die streng religiöse Gorman Catholic High School in Las Vegas, wo sie mit den Satinhosen aus dem Designer-Geschäft ihrer Mutter wie der Teufel in einem Kloster wirkte. Dann eine Schule in Mexiko und schließlich Bonita High in einem Vorort von San Diego. Danach aber wechselte sie in der gleichen Stadt zur Chula Vista School für Kreative und Darstellende Künste und machte dort auch ihren Abschluss mit einem Schwerpunkt auf klassischem Tanz und Ballet. Diese Prüfung absolvierte sie mit Bravour, denn schließlich hatte sie schon im Alter von fünf Jahren mit den ersten Tanzstunden begonnen, so dass sie für eine gewisse Zeit das Tanzen sogar als ihre eigentliche Berufung ansah. In der Schule, betont Charisma, habe sie viel Spaß gehabt und viele interessante Leute kennengelernt. Aber gleichzeitig gibt sie zu, trotz der fast selbstverständlichen Beliebtheit eines jeden Mädchens, das wie sie Cheerleader war, Eingliederungsprobleme gehabt zu haben. Sie erzählt von den vorgefassten Meinungen ihrer Mitschüler, gegen die sie Tag für Tag anzugehen hatte, da sie ein eher zurückhaltender Typ war und man sie deshalb für snobistisch oder arrogant hielt. Vielleicht, überlegt Charisma, hinterlasse ich manchmal den falschen Eindruck...

Nach dem Schulabschluss unternahm Charisma Carpenter eine Rundreise durch Europa, bevor sie nach San Diego zurückkehrte, um das Geld für ihre College-Ausbildung zu verdienen. Hier arbeitete sie in den verschiedensten Berufen, als Kellnerin im Restaurant ihres Vaters, als Angestellte in einer Videothek, sogar als Hausmeisterin. Dann nahm sie ihr eigentliches Ziel wieder in Angriff, besuchte nun das College, um Englischlehrerin zu werden. Sie ist sicher, behauptet Charisma, dass sie eine gute Lehrerin sein könnte, und unter Umständen könnte daraus ja noch in Zukunft etwas werden. Sie liebt Kinder und die Vorstellung des Gebens und Vermittelns in einer Unterrichtsatmosphäre, obwohl momentan natürlich anderes wichtig ist und ihre näheren Karriereziele mit ihrer Schauspieltätigkeit zusammenhängen. Zusätzlich vernachlässigte sie keineswegs ihre körperliche Fitness, gab Aerobic-Stunden und wurde sogar für die Dauer einer Saison professioneller Cheerleader für das Footballteam der San Diego Chargers, eine geradezu akrobatische Beschäftigung, bei der ihr ihre Tanzerfahrung zugute kam, da nicht nur, so Charisma, die Mädchen einfach in die Luft geworfen wurden.

Bis dahin jedoch - obwohl sie in einer Stadt geboren wurde, die vom Showgeschäft lebt, und obwohl sie ihre Talente mehr als einmal professionell ins rechte Licht gerückt hatte - war eine Arbeit vor der

Kamera kein wirkliches Ziel der jetzt so bekannten Schauspielerin. Die Chance dazu ergab sich sehr überraschend und überaus zufällig: Um einen Freund zu besuchen, fuhr sie 1992 nach Los Angeles und fand sich dort bald in ihrer alten Arbeit als Kellnerin in einem großen Restaurant am Sunset Boulevard wieder. Welche ihrer Versionen der Geschichte, die nun folgte, man glauben soll, sei jedem selbst überlassen. Ob sie nun eine so schlechte Bedienung war, dass man ihr nahe legte, es doch einmal im Schauspielfach zu versuchen, wo sie vielleicht größeres Talent beweisen könne, oder ob man sie im Lokal zu oft fragte, ob sie nicht bereits Schauspielerin oder Model sei, was sie erst auf die Idee gebracht habe, es in dieser Sparte zu probieren, jedenfalls lernte sie dort einen Agenten kennen. Der sollte sich zwar bald als ein Fehlgriff herausstellen, aber er versorgte Charisma doch zumindest mit einer Liste angesehener Schauspielschulen, von denen sie sich die angesehenste heraussuchte und dann tatsächlich am renommierten "Playhouse West" aufgenommen wurde. Hier fand sie schnell Geschmack an der Schauspielerei, nahm ihren Unterricht sehr ernst und probte jede Minute. Alles, was der Lehrplan vorschrieb, absolvierte sie mit der größt möglichen Hingabe und Energie, fand daraufhin einen anderen Agenten und begann Vorsprechtermine wahrzunehmen. Zudem vermittelte ihr die Schule auch ein neues und zielgerichtetes Selbstbewusstsein und die Gewissheit, dass mit harter Arbeit (fast) alles zu erreichen ist. Das Ergebnis ihrer Bemühungen war ihr Auftreten in zwanzig Werbespots, darunter der für "Secret"-Deodorants, der mehr als zwei Jahre im amerikanischen Fernsehen zu sehen war. Bekannt machte diese Arbeit Charisma aber noch nicht. Zwar kamen in jener Zeit nicht selten fremde Menschen auf sie zu, um zu fragen, ob sie nicht gemeinsam zur Schule gegangen seien, oder woher sonst sie Charisma kennen könnten, aber niemand erkannte sie wirklich als die Person aus einem bekannten Fernsehspot. Daneben soll man Charisma Carpenter noch zuweilen auf einer Theaterbühne gesehen haben, den Durchbruch aber verschaffte ihr dann doch ihre Popularität aus der Werbung. Sie erhielt die Möglichkeit, sich für die allseits bekannte und in der ganzen Welt erfolgreichen Serie **BAYWATCH** vorzustellen, und in der Saison 1994-95 brachte sie es zu einem Auftritt an der Seite der berühmten Stars dieser Serie in der Episode **AIR BUCHANNON**. Von da an schien es kein Halten mehr zu geben, denn der Produzent Aaron Spelling fand Gefallen an ihr und ihrem Talent, als er sie in der **BAYWATCH** Folge sah. Die Talentsucherin Wendi Green fand ihre Adresse heraus und besuchte sie noch am gleichen Tag persönlich zu Hause. Dann rief sie umgehend ihren Agenten an und vereinbarte ein weiteres Vorsprechen, diesmal für ein Projekt des bekannten Produzenten Aaron Spelling, eine Teenager-

© WARNER BROS.

Comedy auf NBC mit dem Titel **MALIBU SHORES**. Spelling war bei den Tests anwesend, begeisterte sich für die junge Frau und gab ihr die Rolle: Charisma spielte hier die verzogene und arrogante Ashley Green, und beinahe könnte man annehmen, dass es für sie eine gute Vorbereitung und Übung für ihre spätere Rolle der Cordelia gewesen sei, denn die Charaktere der einen und der anderen sind mehr als nur ähnlich, egozentrisch, distanziert und klassenbewusst.

Unglücklicherweise - oder vielmehr glücklicherweise für jeden Fan, der Charisma als Cordelia in **BUFFY** kennen- und liebengelernt hat - war diese Serie sehr kurzlebig und wurde lediglich zwischen März und Anfang Juni des Jahres 1996 ausgestrahlt. In weiser Voraussicht rief ihr Agent, der das Ende von **MALIBU SHORES** wohl bereits vorausahnte, seine Klientin während der Dreharbeiten zu einer der letzten Folgen am Hermosa Beach an und beorderte sie umgehend zum für den gleichen Nachmittag angesetzten Vorsprechen für eine Serie mit dem Titel **BUFFY THE VAMPIRE SLAYER**. Nun überstürzten sich die Ereignisse: Charisma bat ihren Agenten noch, eine große Pizza in die Warner Brothers Studios liefern zu lassen, bis sie dort einträfe, sprang in ihren Wagen und machte sich eilends auf den Weg. Leider geriet sie mitten in die Rush hour, in den dichtesten Verkehr im Herzen von Los Angeles, und die Zeit verstrich, ohne dass sie weiterkam. Erst anderthalben Stunden nach dem eigentlich ausgemachten Termin erschien sie endlich auf dem Set der Burbank Studios - außer Atem und noch mit Badesandalen und einem Surfanzug bekleidet. Ursprünglich sprach sie dann für die Rolle der Buffy Summers vor, nachdem sie die wenigen Seiten des Scripts gelesen hatte, die ihr zur Verfügung standen, überzeugt davon, dass die legere Buffy mit ihrem doch recht geradlinigen Charakter auch in Strandkleidung dargestellt werden könne. Die Hauptsache, so schien es Charisma, sei vor allem, eine gleichsam in sich selbst ruhende Natürlichkeit zu verkörpern, wohingegen die anderen Bewerberinnen sich die größte Mühe gaben, wie das typische

High-School-Mädchen zu erscheinen, in Kniestrümpfen und kurzem Rock. Letzten Endes jedoch machte die Entscheidung der Produzenten der Konkurrenz zwischen Minirock und Badeanzug ein Ende, indem sie beschlossen, Charisma, die trotz ihrer Aufmachung einen mehr als überzeugenden Eindruck hinterlassen und es verstanden hatte, die Verantwortlichen zu begeistern, doch eher für eine andere Rolle als die der Buffy vorsprechen zu lassen, nämlich für die der Cordelia Chase. Charisma sah ihre Felle davonschwimmen, da im Gegensatz zu Buffy Cordelia sicher eine Rolle war, für die man die richtigen Kleider brauchte, die im Badedress darzustellen beinahe sicheren Selbstmord bedeutete. Aber schließlich war sie die einzige unter den Bewerberinnen, die es über das Vorsprechen hinaus zu einem Kameratest schaffte, dann gab man ihr den Vertrag und die Rolle aufgrund ihres Könnens und nicht ihrer Garderobe. (Bis heute flunkert Charismas Kollegin Alyson Hannigan allerdings verschmitzt, dass es sicher nicht das Talent der jungen Schauspielerin beim Vorsprechen, sondern vielmehr die großartige Pizza gewesen sei, die unter den Mitgliedern des Teams aufgeteilt worden sei und ihr so die Rolle eingebracht habe.) Pizza oder Schauspielkunst - auf jeden Fall zögerte Charisma Carpenter anfangs, einen Part in der zweifellos attraktiven Serie zu übernehmen, der ihrer Rolle in **MALIBU SHORES**, der säuerlich hochnäsigen und verwöhnten Ashley Green so sehr ähnelte. Sie war zuerst ein wenig enttäuscht, berichtet Charisma, wieder eine "Schlampe" spielen zu müssen, aber ihr Agent habe ihr bald den Kopf zurecht gerückt. Er hielt ihr entgegen, sie müsse schließlich erst bekannt sein, um sich ihre Charakterrollen aussuchen zu können. Zudem ließ sie sich alles gründlich durch den Kopf gehen und erkannte, dass bei einem derartigen Team, bei all den versierten Mitarbeitern, ihrer Reputation und dem sicherlich großen Prestige des ganzen Projekts es nicht wirklich zentral sein kann, wie viel Geld einem das Studio bereit ist zu zahlen oder ob man bereits vorher eine ähnliche Rolle gespielt hat. Die Erfahrung, die Zusammenarbeit mit ihren Kollegen vor und hinter der Kamera, wäre in jedem Falle eine große Bereicherung und ein Gewinn hinsichtlich ihrer Karriere. Und von nun an sollte Charisma sich an fünf Tagen in der Woche in Cordelia verwandeln.

Zu Beginn war die Rolle der Cordy nur auf wenige Folgen angelegt, Charismas Teilnahme an der Serie sollte eher einer Art Gastauftritt ähneln als eine feste Institution in **BUFFY** werden. Die Figur der Cordelia war gedacht als ständiger Dorn im Auge der Vampirjägerin, ein Charakter im Hintergrund, vor dem sich die wahren Protagonisten der Serie abheben konnten. Aber zur Überraschung aller gewann Charisma bald ihre eigene Anhängerschar, und die verlangte, mehr von ihr zu sehen. Das Interesse und die vielen Anfragen der Fans bewirkten,

dass in der folgenden Saison Charismas Auftritte in jeder der Folgen stattfanden und sie regelmäßig auf dem Bildschirm an der Seite der anderen Schauspieler zu sehen war. Es stellt sich natürlich die Frage, wie eine solche Figur, geschaffen, um unangenehm, arrogant und oberflächlich zu sein, so viele Herzen im Publikum auf ihre Seite ziehen kann. Dafür kann Charisma gleich zwei Erklärungen liefern: Zum einen sieht sie Cordelia keineswegs als Karikatur, sondern als einen Charakter mit sehr viel Wahrheitsgehalt. Sie ist ein Mädchen, das sehr genau um die Falschheit ihrer Ansprüche weiß, genau weiß, dass sie sich nur diesen und keinen anderen Freundeskreis hält, weil er das Licht, das von ihr ausgeht, am wirkungsvollsten und dramatischsten reflektiert. Aber jene Heuchelei ist besser als die sonst drohende Einsamkeit. Das lässt Cordelia nach der Meinung Charismas so snobistisch erscheinen und macht sie im gleichen Moment so menschlich und dem Publikum vertraut. Zum anderen ist sie eine Person, die Takt ignoriert, da sie glaubt, taktvoll zu sein bedeute, nicht die Wahrheit zu sagen. Cordelia sagt jedoch genau das, was sie denkt, erfüllt so als Stellvertreterin den Traum eines jeden ihrer Fans, einmal kein Blatt vor den Mund nehmen zu müssen und das Kind beim Namen zu nennen. Es sind also die Angst vor dem Alleinsein und ihre kompromisslose Wahrheitsliebe, die ihr Sympathiepunkte einbringen.

Jene Gedanken Charismas offenbaren, wie tief sie sich in ihren zu spielenden Charakter versenkt hat, und Cordelia darzustellen, verlangt sicherlich ein gut Teil erschöpfender und realitätsnaher Schauspielkunst und ist stets eine Herausforderung. (Noch dazu gesteht Charisma Carpenter, dass zwar das Tanzen ihr immer mehr oder minder leichtgefallen sei, die Schauspielerei ihr jedoch mit derselben Regelmäßigkeit Probleme bereite.) Zum Glück konnte Charisma eine innere Haltung gegenüber ihren Aufgaben entwickeln, die nicht zulässt, dass der Druck ihrer Arbeit zu groß wird und nicht mehr zu bewältigen ist. Es klingt einfach, muss aber mit einer immensen Willenskraft und Mühe verbunden sein, wenn sie sagt, sie wolle sich in allem stets verbessern und immer ihr Bestes geben. Kein Stadium gebe es, in dem man von sich behaupten dürfe, keine Schauspielstunden mehr zu benötigen, immer sei noch etwas zu lernen. Und so geht sie auch mit ihrer Rolle der Cordelia um, sie schläft zuweilen die ganze Nacht nicht, um ihre Textzeilen wieder und wieder aufzuschreiben, sie so zu memorieren und später auf dem Set auf Anhieb den richtigen Ton zu treffen. Sie hat niemals aufgehört, weiter Schauspielunterricht zu nehmen, und manchmal geht sie bei all dem so weit, dass sie über ihrer ausufernden Aktivität ihr Gesellschaftsleben vergisst. In den Interviews, die sie gibt, wird schnell deutlich, mit welcher Professionalität sie ihre Rolle ausfüllt: Sie schätzt, dass Sarah Michelle Gellar immer gut vorbereitet

zur Arbeit erscheint und so erfahren ist, dass die Szenen mit ihr stets gut funktionieren. Und selbst durch eine Frage, wie die nach ihren Gefühlen bei einem Kuss von Nick, lässt sie sich kaum aus der Reserve locken. Es sei schwer, jemanden zu küssen, den man nicht liebe. Nicky sei ihr Kumpel, aber Küsse seien schon etwas sehr intimes. Andererseits kann es - und das mag paradox klingen - auch unübersehbare Nachteile mit sich bringen, wenn man seine Rolle zu gut spielt, besonders die Rolle eines "Schurken". Denn die Zuschauer neigen dazu, Realität mit Fiktion zu verwechseln, und könnten zu Charismas Leidwesen denken, auch sie sei eine schlechte und unausstehliche Person. Nicht nur ein oder zwei Male musste sie sich bereits mit negativen Publikumsreaktionen auseinandersetzen, die ihr ihre angebliche Herz- oder Ehrlosigkeit vorwarfen. In diesen Fällen kann Charisma sich nur wiederholen und jedem versichern, dass sie nicht Cordelia sei, ihre Warmherzigkeit und sogar - als letztes Argument - ihre Tierliebe anführen! Wenn man sie allerdings darauf anspricht, dass offenbar Cordelia in den letzten Folgen etwas zurückhaltender und angenehmer wirke, antwortet sie prompt, ich hoffe nicht. Die Show darf nicht an Biss verlieren!

Wenn Charisma Carpenter nicht als Cordelia Chase ihren Kollegen auf dem Set das Leben schwer macht, beschäftigt sie sich mit einer ganzen Bandbreite von Sportarten, wobei ihr offensichtlich die gefährlicheren und halsbrecherischen die liebsten sind, vielleicht wegen der in der Familie liegenden Liebe zur Harley Davidson. Sie reitet, fährt für ihr Leben gerne auf Rollerblades die riskantesten Parcours ab, wandert und besteigt Berge. (Da sie besonders letzteres als Beweis ihrer Leistungsfähigkeit ansieht, behauptet sie, wenn sie das machen könne, könne sie alles schaffen.) Aber all das schien ihr nicht zu genügen, der letzte und ultimative Nervenkitzel wollte noch gefunden werden, und so war ihre Begeisterung groß, als sie zu ihrem sechsundzwanzigsten Geburtstag von einem guten Freund einen Fallschirmsprung spendiert bekam. Zusammen mit Alyson Hannigan plante sie den Sprung, aber das Studio erfuhr von dem Vorhaben und veranlasste die beiden Mädchen umgehend, eine Erklärung zu unterschreiben, dass sie von lebensgefährlichen Aktivitäten aller Art in Zukunft Abstand nehmen würden, solange ihr Vertrag mit Warner laufe. Daher verbringt Charisma nun ihre freie Zeit eher kreativ, mit dem Verfassen von Gedichten, was ihr schon seit ihren Jugendtagen am Herzen liegt, mit ihren Freunden oder Hunden oder mit der Lektüre von Magazinen und Zeitschriften.

Was wird die Zukunft für Charisma Carpenter bereithalten? Sicher ist, dass ihre Darstellung der Cordelia ihr einen Vertrag mit den Verantwortlichen eines "Spinn-offs" der ursprünglichen Fernsehserie einge-

© WARNER BROS.

bracht hat, die sie berühmt machte: Seit Herbst 1999 ist sie zusammen mit David Boreanaz in der Serie **ANGEL** zu sehen, nun nicht mehr als eine Nebenfigur, sondern in der weiblichen Hauptrolle. Was nach dem immensen Erfolg der Serie, trotz der verzehnfachten Verantwortung kein Problem für die talentierte Charisma war. Eine große Hilfe war ihr dabei auch sicherlich die Tatsache, dass sie zwar von der gewohnten Umgebung, den Schauspielkollegen und dem Studio, das ihr beinahe ein zweites Zuhause geworden ist, Abschied nehmen musste, dass aber des öfteren die Stars aus **BUFFY** in **ANGEL** Gastauftritte hatten und umgekehrt. Wie in jeder Familie trennt man sich, nur um sich immer wieder zu begegnen und das Wiedersehen zu genießen. Vielleicht wird sie auch in nächster Zeit die Möglichkeit haben, in einem Film mitzuwirken, wenn nicht jedes neue Drehbuch, das ihr angeboten wird, eine Cordelia-Kopie für sie vorsieht, unter Umständen in einer Independent-Produktion, die, so glaubt Charisma, immer die besseren Rollen bieten, auch wenn es keine Hauptrollen sind. Wenn Joss Whedon mit seinen Plänen Erfolg hat, wird sie sicherlich auch verpflichtet, ihre Rolle als Cordelia wieder aufzunehmen - diesmal in einem **BUFFY** Kinofilm. Momentan jedoch, belagert von Journalisten, überhäuft mit Angeboten für Foto-Shootings, betont sie eher die Notwendigkeit, die Balance zu behalten und sich nicht von dem Erfolg auffressen zu lassen oder vorschnelle Entscheidungen zu treffen. Das ist besonders jetzt wichtig, wo sich die vielen Chancen aufgrund des großen Erfolges von **BUFFY** bieten. Charisma hat auf keinen Fall vor, täglich drei oder vier Verpflichtungen zu haben und von einem Termin zum nächsten hasten zu müssen; genauso behagt es ihr nicht, etwas zu tun, mit dem sie nicht zu einhundert Prozent einverstanden ist. Letzten Endes - vielleicht erstaunlich bei einer jungen Frau, der alle Karrieretüren offenzustehen scheinen - würde sie nichts lieber tun als heiraten und Kinder großziehen in einem Lebensstil, der es ihr erlauben würde, zurückgezogen und glücklich außerhalb von Los Angeles auf einer Ranch zu leben. Immerhin hat sie bereits seit ihrem Einstieg in die Serie im

Frühling 1997 einen festen Freund, den neunundzwanzigjährigen Schauspieler Damian Hardy. Zwar unterstreicht sie, dass die Beziehung von einem Tag auf den anderen lebe, aber sie vergisst dabei nicht, zu betonen, dass sie natürlich verliebt sei. Wäre dies aber tatsächlich die Erfüllung für ein Mädchen, das von klein auf die Herausforderung und das Risiko geliebt hat, die Las Vegas und L.A. kennengelernt und es dort zu mehr als die meisten gebracht hat? Sie ist erfahren genug, um sogar den Neulingen in ihrem Geschäft Ratschläge geben zu können, und das mit dreißig Jahren; sie weiß, dass man nach L.A. kommen muss, wenn man von einer Leinwandkarriere träumt, dass man nach New York gehen soll, wenn die Bühne das persönliche Ziel ist. Sie weiß um die Wichtigkeit von Schauspielunterricht, von der Notwendigkeit, hundert bebilderte Lebensläufe an hundert Künstleragenturen zu schicken. Und vor allem rät sie, sich niemals von einer Ablehnung einschüchtern oder entmutigen zu lassen. Schließlich gibt Charisma Carpenter es selbst zu: Ich kann zwar Las Vegas verlassen, aber Las Vegas wird niemals mich verlassen.

FILME

2000   **The Twins**
Rolle: unbekannt

1996   **Josh Kirby - Time Warrior: Chapter 6**
Last Battle For The Universe
Rolle: Beth Sullivan

1995   **Josh Kirby - Time Warrior: Chapter 1**
Planet Of The Dino-Knights
Rolle: Beth Sullivan

         Josh Kirby - Time Warrior: Chapter 2
The Human Pets
Rolle: Beth Sullivan

         Timemaster
Rolle: unbekannt

FERNSEHEN

2001   **Angel**
(Original: Angel)
2. Staffel
Rolle: Cordelia Chase - Stammbesetzung

2000   **Angel**
(Original: Angel)
1. Staffel
Rolle: Cordelia Chase - Stammbesetzung

1999   **Buffy - Im Bann der Dämonen**
(Original: Buffy The Vampire Slayer)
3. Staffel
Rolle: Cordelia Chase - Stammbesetzung

1998   **Buffy - Im Bann der Dämonen**
(Original: Buffy The Vampire Slayer)
2. Staffel
Rolle: Cordelia Chase - Stammbesetzung

1997   **Buffy - Im Bann der Dämonen**
(Original: Buffy The Vampire Slayer)
1. Staffel
Rolle: Cordelia Chase - Stammbesetzung

1996   **Malibu Beach**
(Original: Malibu Shores)
1. Staffel
Rolle: Ashley Green - Stammbesetzung

           Pacific Blue
(Original: Pacific Blue)

1993   **Das Leben und Ich**
(Original: Boy Meets World)
Folge: Ein Zug voller Narren
(Original: Train Of Fools)
Rolle: Caterer

1989   **Baywatch - Die Rettungsschwimmer von Malibu**
(Original: Baywatch)
Folge: Hobie und die Drachenflieger
(Original: Air Buchanan)
Rolle: Wendie

Die Serie **BUFFY - IM BANN DER DÄMONEN** gewann mit Einführung der Figur Faith eine bedeutende Wendung. Nach dem Tod von Kendra war sie die Dritte im Bunde der Jägerinnen. Doch im Gegensatz zu Kendra war Faith ein Energiebündel ohnegleichen. Eine junge Frau mit anziehenden optischen Reizen, gewaltiger Power und besessen von Gewalt. Kein dummes Barbie Püppchen, sondern eine einsame toughe Fighterin mit Autoritätsproblemen. Faith dachte nie lange über etwas nach und liebte es regelrecht Menschen körperlich und mental zu verletzen. Sie beging Ladendiebstähle, tötete den Assistenten des Bürgermeisters, versuchte Angel zu vergiften und benutzte Xander als LoveAct. Sie lebte zuvor in Boston, und kam nach Sunnydale, als ihre Wächterin von dem Dämon Kakistos getötet wurde. Im Verlauf der Serie entwickelte sich Faith sehr schnell, gewann neues Selbstvertrauen und suchte nicht selten die offene Konfrontation, besonders mit Buffy. Als sie schließlich erkannte, dass sie gegen Buffy niemals ankommen konnte, wechselte Faith geschickt die Seiten. In Bürgermeister Wilkins fand sie einen Mentor und Vaterersatz. Während sie fortan gemeinsame Sache machten, setzte Buffy alles daran sie zu stoppen: Letztendlich kam es zum entscheidenden Duell der beiden Jägerinnen. Und der kluge Entschluss der Produzenten war es, für Faith eine Tür zur späteren Rückkehr in die Serie offen zu halten, indem sie den Charakter nicht sterben ließen.

Faith war auch dafür verantwortlich, dass sich viele altbekannte Charaktere der Serie, vor allem Buffy Sommers, einem gewaltigen Entwicklungs- und Reifeprozess ausgesetzt sahen.

Gespielt wird Faith von der jungen, sehr wandlungsfähigen und talentierten Schauspielerin Eliza Dushku. Am 30. Dezember 1980 wurde Eliza Patricia Dushku in Boston/Massachusetts, USA geboren. Bei der Namensvergabe stand eine Tante Pate, die für Eliza wie eine Mutter war.

Sie ist das jüngste von vier Kindern der College Professoren Dushku und hat drei ältere Brüder. Trotz ihres ungewöhnlichen Namens entschied Eliza, auf Anraten von Arnold Schwarzenegger, ihn nicht gegen einen gängigeren Künstlernamen auszutauschen. Er sagte damals zu seiner jungen Filmtochter: „Glaub mir, sie werden lernen,

ihn auszusprechen." Und tatsächlich war es so, nicht zuletzt Dank der Mitwirkung in der TV-Hitserie **BUFFY - IM BANN DER DÄMONEN**. Eliza ist albanisch-dänischer Abstammung und zählt Mormonen zu ihrer Verwandtschaft. Bis zu ihrem zehnten Lebensjahr lebte Eliza im Glauben, ein Junge zu sein. Grund dafür waren ihre Brüder, die sie anhimmelte und zu denen sie auch heute noch eine starke Bindung hat. Nachdem ihr der Wunsch Junge zu sein beachtlichen Ärger in der Schule eingebracht hatte, fand Eliza sich langsam in ihre weibliche Rolle.

Erste Schritte in Richtung Schauspielerei unternahm sie bereits als Kind am Watertown Children's Theater, wo sie seit der ersten Klasse Mitglied war. Mit acht Jahren spielte sie in dem Theaterstück Pinocchio, in dem sie sogar singen musste. Aber das Singen stellt für Eliza auch heute noch kein Problem dar. Sie liebt es.

Am Watertown Theater genoss sie eine Ausbildung an Klavier und Schlagzeug. Zusätzlich studierte sie Tanz in den Stilrichtungen Ballett, Jazz und Tap. Auch heute noch tritt Eliza, sofern es ihre Zeit erlaubt, am Watertown Theater auf. Allgemein ist sie stark in Sachen Behinderten engagiert.

Der Grundstein für ihre Filmkarriere wurde gelegt, als der Agent ihres älteren Bruders sie in einer Schulaufführung in der Grundschule sah. Er nahm sie zu einem landesweiten Vorsprechtermin mit, dem ersten von Eliza überhaupt, bei dem sie eine Rolle in dem Warner Bros. Film **ZAUBER EINES SOMMERS (Originaltitel: THAT NIGHT)** gewann, mit dem sie den Sprung auf die Kinoleinwand schaffte. Die Rolle war jedoch noch lange nicht das Sprungbrett nach Hollywood, sondern „nur" ein vielversprechender Anfang. Sie spielte neben dem Teenie Star C. Thomas Howell und der damals noch recht unbekannten Juliette Lewis. Der Film schilderte aus der Sicht eines zehnjährigen Mädchens, dargestellt von Eliza Dushku, die Schattenseiten der Jugend und die Problematik der ersten Liebe.

Die Geschichte des Films spielt 1961 auf Long Island. Im Mittelpunkt der Handlung stehen die beiden Teenager Sheryl O'Connor (Juliette Lewis), ein hübsches, selbstbewusstes und beliebtes High School Mädchen. Und Rick (C. Thomas Howell), ein cooler schweigsamer Junge, der aus einem schlechteren Stadtviertel kommt. Die beiden verlieben sich leidenschaftlich ineinander und verschließen zuerst ihre Augen vor den drohenden Alltagsproblemen. Erst als Sheryls Vater stirbt und ihre Mutter, die ihrer Beziehung schon immer äußerst skeptisch gegenüberstand, den weiteren Umgang mit Rick untersagt, eskaliert die Situation. Verständnis für die Liebe der beiden hat nur die zehnjährige Alice Bloom (Eliza Dushku), ein phantasiereiches Mädchen, die gegenüber wohnt und deren großes Idol Sheryl ist. Ihre Art zu

SOUL SURVIORS

leben ist das größte für Alice, die es kaum erwarten kann selbst endlich erwachsen zu sein, und ihre Sehnsucht nach Gefühlen und Geborgenheit stillen möchte. Auf einer Geburtstagsfeier kommt es dann zum ersten Treffen zwischen Sheryl und Alice, das mit einem Ausflug an den Strand endet, wo Alice mit Rick ihren ersten Tanz tanzt. Eine Nacht die für immer in Alice Gedächtnis bleibt. Als Sheryl schwanger wird und von ihrer Mutter in ein Heim abgeschoben wird, soll Alice einen letzten Brief an Rick überbringen. Und damit beginnen entscheidende Veränderungen in Alices Leben.

Der Film war nicht sonderlich erfolgreich, aber für die junge Eliza eine stolze Leistung. Er öffnete ihr die Tür zum nächsten Film. Eliza erschien dann bereits an der Seite von zwei großen Hollywood Stars auf der Leinwand. Neben Robert De Niro und Ellen Barkin trat sie in dem Drama **THIS BOY`S LIFE (Originaltitel: THIS BOY`S LIFE)** auf. Der damals noch unbekannte Leonardo DiCaprio stand ebenfalls auf der Besetzungsliste. Es war ein depressiver Film über Missbrauch, aber es war ein großer Film, weil sehr realistisch. Die Dreharbeiten daran

THIS BOY`S LIFE

waren hart und schwierig, nicht zuletzt wegen Robert De Niro, der stellenweise Einstellungen bis zu zwölf Mal wiederholte. Die Thematik des Films hatte eine gewisse Brisanz und ihre Mutter war beunruhigt darüber, ob sich die Thematik nicht negativ auf die kleine Eliza auswirken könnte. Sie verstand es aber, ihrer Tochter klar zu machen, dass die Dinge hier nur gespielt waren. Nicht real waren, sondern nur ein Schauspiel. Die Leistung von Robert De Niro hat Eliza fasziniert und sie würde jederzeit wieder gerne mit ihm arbeiten.

THIS BOY`S LIFE spielte in den 50er Jahren im wirtschaftlichen Aufschwung nach dem Krieg. Die Männer kehrten von den Kriegsschauplätzen der Welt in ihre Heimat zurück. Einige waren bereit ihre Träume zu realisieren, andere rangen noch um eine Entscheidung. Im Mittelpunkt der Geschichte steht die geschiedene Caroline Wolff (Ellen Barkin), die sich selbst als Optimistin bezeichnet. Doch ihre Ziele konnte sie nie erreichen und stolperte von einer Affäre in die nächste. Als ihr Sohn Toby (Leonardo DiCaprio) den Weg in die Kriminalität sucht und findet, versucht sie dem Einhalt zu gebieten und stürzt sich Hals über Kopf in eine zweite Ehe. Dwight Hansen (Robert De Niro) ist zu Beginn ein durchaus charmanter Zeitgenosse. Doch schnell bemerken Toby und seine Mutter, das Hansen seine Minderwertigkeitsgefühle an ihnen abreagiert. Mutter und Sohn sehen sich einem regelrechten Alptraum gegenüber, aus dem es scheinbar nur einen Ausweg gibt.

Elizas Rolle in diesem Film war klein, aber brachte ihr ausgezeichnete Kritiken ein. Sie spielte De Niros vernachlässigte Tochter Pearl und konnte dadurch schon früh wertvolle Erfahrung hinsichtlich der Arbeit mit Superstars machen.

Die Zusammenarbeit mit Leonardo DiCaprio änderte damals in vielerlei Hinsicht ihr Leben. Eliza hatte zu dieser Zeit in der Schule ständig Ärger mit Lehrern und Mitschülern. Da sie wegen Filmaufnahmen oft fehlte, konnte sie nie einfach mal sagen, sie hätte ihre Hausaufgaben nicht gemacht. Sofort brach dann der Spot über sie herein. DiCaprio, der diese Probleme kannte und schon eine Lösung gefunden hatte, gab Eliza wichtige Tipps. Er ließ sie teilhaben an seiner Erfahrung, um den Schulalltag zu meistern. Sie bekam dadurch neues Selbstbewusstsein und schaffte es auch Vertrauen zu sich selbst aufzubauen. Nachdem sie diese Lektion begriffen und umgesetzt hatte, konnte sie in ihrem Schulumfeld auch die richtigen Freunde gewinnen. Dafür ist Eliza Leonardo noch heute dankbar.

Eliza hat nie eine formale Ausbildung zur Schauspielerin durchlaufen. Sie hatte zwar einen Coach mit dem sie ihre Skripte durchging, doch vertrat sie mehr die Devise „learning by doing" (Lernen während der Arbeit). So nahm sie stets einige Szenen auf Video auf, die sie dann durchsprach. Dadurch konnte sie Fehler erkennen und wurde auch für viele Sachen gecastet. Ihr war klar, dass man als Kind seinen Charakter einfach in der Form spielt, die Textzeilen aufzusagen, ohne stärkeren Rolleneinfluss zu haben. Sie ist sich auch heute noch nicht sicher, ob die Schauspielerei ihr höchstes berufliches Ziel ist und will auf jeden Fall noch das College besuchen.

Der größte Einfluss in der Entscheidung Schauspielerin zu werden, kam von ihrem Bruder und dessen Agentin. Ihr Bruder hatte vier Jahre lang an der New York University studiert und ihr vieles hinsichtlich Ausdruck und Präsenz beigebracht. Und die Agentin verstand es vortrefflich, die junge Eliza zu motivieren. Schon vom ersten Tag an setzte sie volles Vertrauen in das Mädchen und ließ sie immer fühlen, dass sie unter den vielen jungen Schauspielern etwas besonderes war. Im Grunde keine leichte Aufgabe bei einem Kind, aber wie sich zeigte, hat es sich ausgezahlt.

ELIZA UND BRUDER NATE

1994 erhöhte Eliza ihren Filmoutput. Zuerst spielte sie in dem Kurzfilm **FISHING WITH GEORGE** (Originaltitel: **FISHING WITH GEORGE**), einem unbedeutenden kleinen Film, über den niemand etwas weiß und den fast niemand sah. Danach kam die Starrolle schlechthin. An der Seite von Arnold Schwarzenegger und Jamie Lee Curtis trat sie in **TRUE LIES - WAHRE LÜGEN** (Originaltitel: **TRUE LIES**) als deren Tochter in Aktion. Nimmt man die Stars Bill Paxton, Tom Arnold, Tia Carrera und Charlton Heston dazu, kann Eliza schon eine beachtliche Zusammenarbeit mit Topstars aufweisen. Ganz zu schweigen von dem zur Zeit wohl besten und innovativsten Regisseur - James Cameron. An die Arbeit zu diesem Box-Office Hit erinnert sich Eliza noch heute mit einem Lächeln: „Es hat viel Spaß gemacht, war aber auch furchtbar. Meine Mutter sah mich in den Armen von Arnold

Schwarzenegger, dem zu dieser Zeit erfolgreichsten Actionstar, von einem 25 Stockwerk hohen Gebäude hängen. Und das mit 12 Jahren." Eliza liebte die Arbeit an **TRUE LIES** und es ist noch immer eines ihrer Lieblingsprojekte. Es waren sehr lange Dreharbeiten und alle kamen sich dadurch sehr nah.

„Arnold war wie ein Vater. Humorvoll, lustig und sehr großzügig. Er hat mir Tipps in Algebra gegeben, aber auch gute Tipps über Fans und andere Dinge und nahm mich sogar mit zu Planet Hollywood. Aber auch James Cameron war toll. Er hat mir sogar eine Geburtstagskarte und ein Weihnachtsgeschenk geschickt." erzählte Eliza Dushku in einem Interview. Aber auch, dass sie fast zwei Wochen an einer Szene auf dem Wolkenkratzer drehten, an der sie mit Drähten gesichert an einem Flugzeug hing. Solange brauchte sie damals um ihre Höhenangst zu überwinden.

Harry Tasker (Arnold Schwarzenegger) ist kein gewöhnlicher Mann. Er führt ein äußerst ungewöhnliches Doppelleben. Seine Familie und Freunde stehen im Glauben, er sei Vertreter einer Computerfirma. Doch dem ist nicht so. Stattdessen steht Harry Tasker im Dienst der „Omega", einer amerikanischen Organisation, die über dem CIA angesiedelt ist und als letzte Verteidigungslinie der Regierung fungiert. Dort ist er der beste Mann. Hart, präzise und immer cool. Nach Dienstschluss spielt er aber den unscheinbaren, langweiligen Familienvater. Sehr zum Leidwesen seiner Frau Helen (Jamie Lee Curtis) und seiner Tochter Dana (Eliza Dushku). Es ist also nicht verwunderlich, dass Helen sich Hals über Kopf in eine Affäre mit dem windigen Simon (Bill Paxton) stürzt. Der gibt sich als hartgesottener Agent im Dienst der Regierung aus, um Helen besser imponieren zu können. In Wahrheit ist er nur ein erfolgloser Gebrauchtwagenverkäufer. Harry ahnt davon zuerst nichts. Zusammen mit seinem Partner soll Harry eine arabische Terroristengruppe ausfindig machen, die russische Atomsprengköpfe in ihren Händen haben. Damit wollen sie in Haft sitzende Kampfgefährten freipressen. Während Harry sich im Dienst der Regierung mit der verführerischen Galeristin Juno (Tia Carrere) beschäftigt, die mit dem schiitischen Fundamentalisten Aziz (Art Malik) einen „heiligen Krieg" im Atomzeitalter führen will, bekommt er durch Zufall Wind von Helens Affäre. Von nun an hat er zwei Aufträge zu bewältigen - einen für die Regierung und einen für sich selbst. Doch mit Hilfe seiner Ausrüstung und der Verwendung des halben Mitarbeiterstabes seines Geheimdienstes gelingt es, den Nebenbuhler auszustechen und so ganz nebenbei noch die Welt zu retten. Frau und Tochter lernen den knallharten Mann und Vater kennen, und die Welt ist wieder in Ordnung.

Obwohl **TRUE LIES** ein effektlastiger Actionfilm war, konnte sich Eliza

TRUE LIES

neben ihren großen Schauspielkollegen und der Technik durchaus sehen lassen. Ihre Darstellung verlieh dem Film besonders in den sentimentalen Grundzügen eine starke Linie. Während Jamie Lee Curtis für ihre Darstellung mit dem Golden Globe ausgezeichnet wurde und die Effekte des Film eine Oscar Nominierung einheimsten, war es für Eliza Dushku der Durchbruch auf der großen Kinoleinwand.

Nach **TRUE LIES** kehrte Eliza wieder zum gewohnten Filmgenre, dem Drama, zurück. In dem Fernsehfilm **JOURNEY - VERLORENE ERINNERUNGEN (Originaltitel: JOURNEY)** trat Eliza wieder zusammen mit zwei erfahrenen Stars, Jason Roberts und Brenda Fricker, auf.

Der Film erzählte die Geschichte des Jungen Journey (Max Pomeranc) und seines Großvaters Marcus (Jason Roberts). Sie müssen sich zusammenraufen, als Journeys Mutter Min (Meg Tilly) entscheidet, ihn und seine Schwester Cat (Eliza Dushku) zu verlassen. Sie sollen fortan bei den Großeltern aufwachsen, was für beide Parteien nicht leicht ist.

JOURNEY war ein TV-Film der bekannten Produktionsfirma Hallmark, die besonders auf große Eventfilme, wie **DIE ARCHE NOAH** oder **CLEOPATRA**, spezialisiert ist.

Danach spielte Eliza in **BYE BYE, LOVE (Originaltitel: BYE BYE, LOVE)** zum ersten Mal in einer Komödie. Auch in diesem Film standen wieder zahlreiche Hollywood Stars auf der Besetzungsliste, wie etwa Matthew Modine, Randy Quaid, Paul Reiser, Janeane Garofalo und Amy Brenneman. Übrigens trat in diesem Film auch Lindsay Crouse auf, die in der 4. Staffel von **BUFFY** mit von der Partie ist. **BYE BYE, LOVE** war Elizas zweite große Hauptrolle.

Der Film erzählt die Geschichte von drei geschiedenen Vätern, die Probleme damit haben, neue Beziehungen einzugehen. Außerdem beleuchtet er die Umstände, wie sich das Leben von Kindern nach Ehescheidungen entwickelt. Dave (Matthew Modine), der gerne und erfolgreich flirtet, schafft es immerhin gleich drei Frauen zum Essen einzuladen. Aber das ist auch schon sein Problem, denn er kann sich nie entscheiden. Außerdem sehen seine Kinder die Vielweiberei mit gemischten Gefühlen. Donny (Paul Reiser) ist noch immer in seine Ex-Frau verliebt, entdeckt dann aber, dass er und Daves Ex-Frau eine große Leidenschaft füreinander hegen. Er hat es schwer eine Beziehung zu seiner jungen Tochter Emma (Eliza Dushku) aufzubauen. Und Vic (Randy Quaid) ist derjenige, bei dem alles schief geht und der noch eine Menge Groll gegenüber seiner Ex-Frau in sich hat.

Der Film konnte letztendlich weder das Publikum noch die Kritik überzeugen. Er reihte sich in jene Reihe von Filmen ein, die als Lückenfüller für Nachmittags- oder Nachtprogramme herhalten mussten. Eliza hatte jedoch wieder nützliche Erfahrung sammeln können. Die „alten Hasen" brachten ihr viel über Professionalität bei, wie man sich am Set verhält und was man in seiner Arbeit zu geben hat.

In dem auf wahren Tatsachen beruhendem Film **RACE THE SUN - IM WETTLAUF MIT DER ZEIT (Originaltitel: RACE THE SUN)** spielte Eliza wieder an der Seite von großen Schauspielern, wie Halle Berry, James Belushi und Kevin Tighe. Und mit Casey Affleck, dem Bruder von Hollywood Star Ben Affleck, stand auch ein berühmter Teenager auf der Besetzungsliste. Der Film erzählt die Geschichte von Schülern aus Kona / Hawaii, die an der 1987 ins Leben gerufenen Solar Weltmeisterschaft, tatsächlich teilnahmen, die alle drei Jahre in Australien stattfindet.

Die meisten Schüler der Kona Pali High School auf Hawaii stammen aus armen Verhältnissen. An der Schule brodelt der Rassenhass und die Gruppen sind untereinander aggressiv und streitsüchtig. Sie sind ebenso unmotiviert wie desillusioniert, sie sehen keinen Sinn in ihrem Leben und keine Hoffnung für die Zukunft. Mit dem Eintreffen der neuen Lehrerin Sandra Beecher (Halle Berry) scheint ein frischer Wind in die Schule einzuziehen. Sie will die Jugendlichen aus ihrer Lethargie aufrütteln und ihre verborgenen Talente freilegen. Die junge attraktive Frau ist trotz ihrer gerade gescheiterten Ehe voller Optimismus. Als sie zusammen mit ihren Schülern eine Ausstellung besucht, kommt es zu einer Auseinandersetzung, die zur Teilnahme an einem Wettbewerb für Solarmobile führt. Die Klasse soll geschlossen daran teilnehmen und nach anfänglichem Zögern beginnen sie tatsächlich, anhand von Daniel Websters (Casey Affleck) Skizzen, mit dem Bau. Die Schulleitung ist von diesem Vorhaben ebenso wenig begeistert wie Frank Machi (James Belushi), der zynische Werklehrer der Schule. Wie fast alle an der Schule unterschätzt auch er seine Schüler. Nach allerlei Mühen und Hindernissen ist das Solarmobil schließlich fahrbereit. Die Vorausscheidung zur WM wird zum Triumph. Und Frank reist aufgrund einer verlorenen Wette als zweite Begleitperson mit Beecher und dem Team zum große Finale nach Australien. Doch dort merken sie rasch, dass hier starke Konkurrenz auf sie wartet. Die 2.000 Meilen lange Wettbewerbsstrecke führt sie über hartes und rauhes Gebiet und ist so furchteinflößend, das sie denken es nicht zu schaffen. Doch dank ihres Teamgeistes und der Unterstützung ihrer Lehrer schaffen sie es, das zermürbende Rennen zu Ende zu bringen und werden damit zu Legenden auf ihrer Insel.

Eliza spielte in diesem Film, der einen Blick auf allgemeine Pubertätsnöte wirft und dabei auch die massiven Probleme sozial unterprivilegierter Jugendlicher illustriert, Cindy Johnson. Cindy trägt viel emotionalen Ballast in sich und hat die Heirat ihrer Mutter, nach der Scheidung von ihrem Vater, noch nicht verwunden. Sie findet sich in der neuen Familie, mit Stiefvater und Stiefbruder Daniel nicht zurecht

TRUE LIES ▶

und flüchtet sich oft in den Alkoholmissbrauch. Aber im Gegensatz zu Daniels Vater glaubt sie an ihren Stiefbruder. Elizas Darstellung war beeindruckend und sie porträtierte ihre schwierige emotionale Rolle glaubwürdig. Für die Produzenten des Films war es von Vorteil, die erfahrene Eliza verpflichtet zu haben. Denn im Gegensatz zu den jugendlichen Newcomern brachte sie bereits sehr gute Erfahrungen als Schauspielerin mit, was ihrer Rolle sichtlich zugute kam. Die Produzenten ermunterten die Jugendlichen auch nach Drehschluss viel Zeit miteinander zu verbringen. **RACE THE SUN** gab Eliza, die für ihr Leben gerne reist, die Gelegenheit neue Orte kennenzulernen. Die Dreharbeiten, die 10 Wochen dauerten, führten von Sydney/ Australien (5 Wochen) über die australischen Outbacks (4 Wochen) bis nach Hawaii (1 Woche).

Wie schon zuvor **BYE BYE, LOVE** wurde auch **RACE THE SUN** nur mit geringer Kopienzahl in den Kinos gestartet und war nicht sonderlich erfolgreich.

Nach Beendigung der Dreharbeiten entschied Eliza sich vorerst aus dem Filmgeschäft zurückzuziehen, um ihre schulischen Leistungen, die durch die Filmarbeit gelitten hatten, wieder aufzubessern. Dieser Entschluss bescherte ihr einen hervorragenden Abgang von der High School und sie konnte sich danach sowohl am Boston College, als auch am George Washington College zur weiteren Ausbildung qualifizieren.

Und dann kam die Anfrage für eine Rolle in der Hit-Serie **BUFFY - IM BANN DER DÄMONEN (Originaltitel: BUFFY THE VAMPIRE SLAYER)**.

Als der Drehbuchautor Joss Whedon 1992 die Idee zu **BUFFY** hatte dauerte es immerhin noch fünf Jahre bis daraus eine Serie wurde. Damit war auch ein Wechsel von Twentieth Century Fox, die sämtliche Copyrights und Trademarks an **BUFFY** halten, zu Warner Bros. verbunden. Im dritten Jahr der Serie wollte Joss einen neuen weiblichen Charakter einführen - Faith.

Eliza trat im Herbst 1999, in der 3. Staffel von **BUFFY**, in der Folge **NEUE FREUNDE, NEUE FEINDE (Originaltitel: FAITH, HOPE AND TRICK)** das erste Mal in Aktion.

Eigentlich war der Part in **BUFFY** nur als kurzes Gastspiel geplant. Doch die von Eliza verkörperte Figur, die als Kontrast zur Buffy Figur angelegt war, fand schnell sehr großen Zuspruch beim Publikum. Und die Produzenten der Serie machten ihr schon nach einigen Folgen das Angebot, für die komplette Staffel zu bleiben.

Die Rolle der Faith wurde daraufhin immer weiter ausgebaut und zur zentralen Konfliktfigur für Buffy. Nicht zuletzt sorgte ausgerechnet Faith für eine große Entwicklung von Buffy. Aber auch fast alle anderen Charaktere der Serie konnten Dank Faith neue Reifestadien durchlaufen.

Begriffe wie Liebe, Verantwortung und Loyalität wurden in einem neuen Licht dargestellt, das sich wohltuend auf die Serie auswirkte, die Charaktere mehr und mehr forderte und wachsen ließ.

Um die Rolle in **BUFFY** überhaupt spielen zu können, musste sich Eliza per Gerichtsbeschluss volljährig erklären lassen. Aufgrund der Gesetzlage wäre es ohne diesen Schritt für sie nicht möglich gewesen am **BUFFY** Set zu arbeiten. Ein Großteil der Dreharbeiten fand nachts

statt und für die minderjährige Eliza gab es Gerichtsurteile, in denen die Arbeit von Minderjährigen begrenzt wird (so dürfen sie zum Beispiel nach einer gewissen Uhrzeit nicht mehr arbeiten) und unter Auflagen gestellt sind. Also ließ sich Eliza, im Einvernehmen mit ihren Eltern, rechtskräftig für volljährig erklären. Als der Richter das Urteil unterschrieben hatte, war es für Eliza einerseits ein tolles Gefühl, hatte aber auch den Beigeschmack einer gehörigen Portion Angst.

Die Rolle in **BUFFY** war die Rückkehr zur Schauspielerei, denn Eliza hatte sich seit ihrem letzten Filme ausschließlich um ihre Schulbildung gekümmert.

Der erste Tag am **BUFFY** Set kam Eliza wie der erste Tag an einer neuen Schule vor. Alles war dort eingefahren und jeder kannte sich. Eliza war ein Neuling und wusste in der Kantine nicht einmal, wo sie sich hinsetzen sollte. Aber das Team nahm sie herzlich auf.

Dank der Kreativität der Drehbuchautoren entwickelte sich Faith zu einem interessanten Charakter. Irgendwie war es jedoch komisch für Eliza mit ihren 18 Jahren auch eine 18jährige darzustellen, während die übrigen Darsteller alle wesentlich älter sind als ihre Charaktere. Sie hatte vorher auch noch nie eine Folge von **BUFFY** gesehen und musste sich erst einmal viele Folgen anschauen, um zum Beispiel zu erfahren, dass ein Xander kein Dämon war, sondern ein Freund von Buffy.

Die Serie **BUFFY** zeichnet sich vor allem durch rasante Kampfszenen und aufregende Stunts aus, die mit Faith noch weiter ausgebaut wurden. Im Gegensatz zum Kampfstil von Buffy, der eher ruhig und besonnen ist, hat Faith einen sehr aggressiven Stil. Eliza hatte allerdings keine Kampfsporterfahrung und musste zuvor hart arbeiten. Zu Beginn sah sie sich Videos von den großen Meistern dieser Kunst, Bruce Lee und Jackie Chan, an. Danach folgte das Training vor dem Spiegel. Es war nicht leicht dorthin zu kommen, wo Eliza am Ende der

ANGEL FIVE BY FIVE

Staffel stand. Blaue Flecken und Schürfwunden waren zu Beginn nichts besonderes, aber die Arbeit hat ihr riesigen Spaß gemacht.

Eliza liegt mehr die geistige Fitness und sie vertritt die Überzeugung, dass Gesundheit durch den mentalen Aspekt erreicht wird. Sie hat auch ihre Leidenschaft für Yoga entdeckt, das laut ihrer Aussage erstaunliche Dinge für ihren Körper getan hat.

Die meisten Stunts in **BUFFY** werden von professionellen Stuntmen ausgeführt. Während der ersten Tage von Faith, hat das Stuntdouble Karen Shephard fast alle ihrer Actionsequenzen übernommen. Eliza durfte nur die Einstellungen davor und danach machen. In der ersten Episode durfte sie nur ganze zweimal einspringen und das war jeweils in der Pfählungsszene. Nach und nach zeigte ihr der Stunt Koordinator Jeff Pruit Tritte und Schläge, die sie selber machen konnte. Es hat Spaß gemacht und sie lernte, wie man solche Szenen am besten vor der Ka-

ANGEL FIVE BY FIVE

mera verkauft. Eliza hatte aber auch ihre Anlaufschwierigkeiten, in denen der ein oder andere Schlag auch schon mal den Kollegen unabsichtlich traf. Einmal schlug sie zum Beispiel Sarah Michelle Gellar in einer Szene wirklich hart ins Gesicht. Einige Sequenzen, die speziell ausgesucht werden, übernehmen die Darsteller selbst. Eliza wollte da keine Ausnahme sein und entschied sich, wie auch schon Sarah und David, dafür einige Stunts selber zu machen. Gegen Ende der Staffel gingen neben einigen Block- und Schlagtechniken, auch diverse Sprünge auf ihr Konto. Als sich Eliza zu Beginn mit Freunden die einzelnen Folgen von **BUFFY** im Fernsehen ansah, wurde sie immer gehänselt. Man machte sich darüber lustig, wenn zum Beispiel ein Bein durch die Luft schoss, das nicht ihres war. In der Folge **GEFÄHRLICHE SPIELE** (Originaltitel: **ENEMIES**) hat Eliza einen Großteil der Stunts bereits selbst übernommen, was ihr eine angenehme Art von Befriedigung gab. Jetzt konnte sie ohne schlechtes Ge-

ANGEL SANCTUARY

wissen behaupten, dass ihre Beine durch das Bild zuckten. Die Entwicklung von Faith war für Eliza eine Herausforderung und die facettenreiche Darstel-lung des Wandels von Gut zu Böse eine Härteprüfung. Manches Verhalten von Faith wurde aber im Ver-

ANGEL SANCTUARY

wandtenkreis von Eliza missverstanden und gab Anlass für Funkstille. So reagierte ihre Großmutter auf eine angedeutete Sexszene in einem Hotelzimmer mit Entset-zen und ignorierte ihre Enkelin eine zeitlang. Für eine Mormonenfamilie war Sex vor der Ehe eine unverzeihliche Sünde. Es bedurfte erst der Aufklärung, dass Faith nur ein fiktiver Charakter ist und nichts mit Elizas wirklichem Leben zu tun hat. Und das es keine Schande ist, einen Bösewicht darzustellen. Inzwischen hat Eliza aber die volle Unterstützung ihrer Familie und Verwandten hinsichtlich ihrer Schauspielkarriere. Ohnehin ist Faith nicht mit Eliza vergleichbar. So hat Faith einen einsamen düsteren Background, mit dem sich Eliza nicht identifizieren kann. Sie wuchs in einer großartigen Familie auf und lernte Eigenschaften wie Unterstützung und Disziplin schätzen. Was Faith betrifft hatte sie niemanden, der ihr sagte, was richtig und falsch war. Sie kannte keine Liebe und fand nur bei Bürgermeister Wilkens die Anerkennung und Akzeptanz, nach der sie sich sehnte. Die Werte von Faith sind nicht die Werte von Eliza Dushku. Sie ist das absolute Gegenteil und fühlt sich nicht als Rollenvorbild für andere. Eliza, die ignorante Menschen nicht ausstehen kann, besteht darauf als normaler Mensch gesehen zu werden. Die Schauspielerei ist ein Beruf und darüber hinaus ist sie so normal wie jeder andere auch. Auf die brennende Frage ihrer Fans, ob sie einen Freund habe, antwortete sie in einem Interview: „Ich bin ein echter Single und ich sehe das Problem darin, dass ich oft bis 3 Uhr nachts gearbeitet habe. Und außerdem weiß ich nie, warum ein Junge mich mag. Es ist meistens etwas, was ihm an Faith gefällt, aber das ich nicht bin oder habe. Anders herum habe ich Eigenschaften, die Faith nicht hat."

Die Arbeit an **BUFFY** hat das Leben von Eliza dahingehend verändert, dass sie zwischenzeitlich bekannter ist und auf einigen Titelblättern zu sehen war. Aber generell sagt sie, dass sie sich in einem Alter befindet, wo man sich Monat für Monat verändert.

Eliza wollte nicht zur Stammbesetzung von **BUFFY** gehören, weil es viel Zeit in Anspruch nahm und sie erst 18 Jahre alt ist. Außerdem wollte sie sich wieder mehr auf ihre Filmkarriere konzentrieren. Sie kehrte allerdings für einzelne Gastauftritte in der 4. Staffel von **BUFFY** zurück und war auch in zwei Folgen der Spin-Off Serie **ANGEL** zu sehen.

Inzwischen hat Eliza, die eine starke Bindung zu ihrer Familie hat, auch den Schritt nach Kalifornien gewagt. Sie teilt sich mit ihrem jüngsten

CHEER FEVER

Bruder, der ebenfalls Schauspieler ist, ein Appartement in Los Angeles. Dieser Schritt war nicht leicht. Eliza, die ihre Eltern und Brüder als ihre besten Freunde bezeichnet, fehlte anfangs die Nähe

der Familie. Aber zwischenzeitlich hat sie sich an die neue Situation gewöhnt.

Im Juli 1999 stand Eliza wieder vor der Filmkamera, als in San Diego/Kalifornien die Dreharbeiten zu **CHEER FEVER** (vormals **BRING IT ON**) begannen, der im Herbst 2000 von Universal Pictures in die USA Kinos gebracht, und im Winter 2000 von Kinowelt in

BYE BYE, LOVE

Deutschland ins Kino gebracht wird.

Torrance Shipman (Kirsten Dunst) ist das typische amerikanische High School Mädchen. Als sie zur Teamführerin der San Diego Toro Cheerleader Truppe ihrer Schule ernannt wird, fühlt sie sich wie im Himmel. Sie ist entschlossen ihr Team zum sechsten nationalen Titel zu führen. Daran können sie weder ihre Hausaufgaben, ihre nervenden Eltern noch ihr perfekter College Freund hindern. Aber die Toros haben starke Konkurrenz durch die Clovers, ein Hip-Hop Team aus Downtown Los Angeles. Als Torrance herausfindet das ihre Vorgängerin jahrelang Routinefiguren von rivalisierenden Teams abgeguckt hat, erkennt sie, dass die Clovers und deren Captian Isis (Gabrielle Union) versuchen, die Rechnung zu begleichen. Und damit sind die Toros in großen Schwierigkeiten. Die Situation gewinnt sogar noch an Brisanz, als

Torrance sich in Cliff verliebt, einen Außenseiter aus der Schule, mit dem sie sich normalerweise nie abgeben würde. Das ganze vor der Kulisse der nationalen Meisterschaften, die nur noch ein paar Wochen entfernt sind. Der Druck auf Torrrance wird dadurch immer stärker.

Eliza Dushku spielt in diesem Film Missy, eine zynische arrogante neue Schülerin, die sich in der ungeliebten Rolle eines Cheerleaders wiederfindet. Sie kommt zum Einsatz, als ein Mädchen

BYE BYE, LOVE

wegen eines Unfalles ausfällt und eine andere auf die Ersatzbank verbannt wird.

Nach Drehschluss von **CHEER FEVER** im September 1999 drehte Eliza mit **SOUL SURVIVOR** gleich den nächsten Film. Dieser Film verspricht einen neuen Beitrag zur Teen Horror Szene und hat so bekannte Namen wie Wes Bentley (AMERICAN BEAUTY) und Casey Affleck auf der Besetzungsliste, mit dem Eliza bereits bei **RACE THE SUN** zusammengearbeitet hat.

Cassie (Melissa Sagemiller) und ihr liebenswerter Freund Sean (Casey Affleck) streiten über Matt (Wes Bentley), als die drei zusammen mit Cassies hitziger besten Freundin Annabel (Eliza Dushku) in einen schrecklichen Autounfall verwickelt werden. Als Sean stirbt kehrte eine verwirrte Cassie auf das College zurück. Und Matt verschiebt nur zu gern sein Havard Studium, um seine ganze Aufmerksamkeit Cassie zu widmen. Aber Cassie wird immer wieder von dem Unfall heimgesucht, von Sean besessen und von Schuldgefühlen geplagt. Es beginnen seltsame und ungewöhnliche Dinge mit ihr zu passieren. Alptraumartige Erfahrungen die an Intensität gewinnen und deren Grenzen zwischen Realität und Fiktion verschwimmen. Während ihre Freunde darauf drängen, dass sie wieder am Leben teilnimmt, ist sich Cassie nicht länger sicher wohin sie gehört.

Eliza steht erst am Anfang einer außergewöhnlichen Karriere. Sie hat sich durch eine Vielzahl unterschiedlicher Rollen ausgezeichnet und stets einen bleibenden Eindruck hinterlassen. Ihr Ziel ist es, in ihren Rollen von allen Altersklassen anerkannt zu werden. Und ein weiteres Ziel steht noch auf ihrem Plan - das Theater. Obwohl es für sie leichter ist eine Studiokamera zu ignorieren als ein Livepublikum, will sie sich ihrem Lampenfieber und der damit verbunden Angst irgendwann stellen. Denn sie sagt, dass sie diese Angst überwinden möchte, denn darum geht es im Leben: Ängste zu überwinden.

FILME

2000   **Soul Survivors**
(Original: Soul Survivors)
Rolle: Annabel

Girls United
(Original: Cheer Fever vormals Bring It On)
Rolle: Missy Pantone

1996   **Race the Sun - Im Wettlauf mit der Zeit**
(Original: Race The Sun)
Rolle: Cindy Johnson

1995   **Bye Bye, Love**
(Original: Bye Bye, Love)
Rolle: Emma

1994   **True Lies - Wahre Lügen**
(Original: True Lies)
Rolle: Dana Tasker

Fishing With George
(Original: Fishing With George)
Rolle: unbekannt

1993   **This Boy´s Life**
(Original: This Boy´s Life)
Rolle: Pearl

1992   **Zauber eines Sommer / Sexy Sheryl - Ein heißer Sommer**
(Original: That Night / One Hot Summer)   Rolle: Alice Bloom

FERNSEHEN

2000   **Angel**
(Original: Angel)
1. Staffel
Folge: **Five By Five**   Rolle: Faith
Folge: **Sanctuary**   Rolle: Faith

Buffy - Im Bann der Dämonen
(Original: Buffy The Vampire Slayer)
4. Staffel
Folge: **Böses Erwachen**
(Original:This Year´s Girl)   Rolle: Faith
Folge: **Im Körper des Feindes**
(Original:Who Are you?)   Rolle: Faith

1999   **Buffy - Im Bann der Dämonen**
(Original: Buffy The Vampire Slayer)
3. Staffel
Folge: **Neue Freunde, neue Feinde**
(Original: Faith, Hope and Trick)   Rolle: Faith
Folge: **Dr. Jeckyl und Mr. Hyde**
(Original: Beauty and the Beasts)   Rolle: Faith
Folge: **Die Qual der Wahl**
(Original: Homecoming)   Rolle: Faith
Folge: **Der Handschuh von Myhnegon**
(Original: Revelations)   Rolle: Faith
Folge: **Heimsuchungen**
(Original: Amends)   Rolle: Faith
Folge: **Die Nacht der lebenden Leichen**
(Original: The Zeppo)   Rolle: Faith
Folge: **Der neue Wächter**
(Original: Bad Girls)   Rolle: Faith
Folge: **Konsequenzen**
(Original: Consequences)   Rolle: Faith
Folge: **Doppelgängerland**
(Original: Doppelgangland)   Rolle: Faith
Folge: **Gefährliche Spiele**
(Original: Enemies)   Rolle: Faith
Folge: **Die Box von Gavrock**
(Original: Choices)   Rolle: Faith
Folge: **Das Blut der Jägerin**
(Original: Graduation Day, Part One)   Rolle: Faith
Folge: **Der Tag der Vergeltung**
(Original: Graduation Day, Part Two)   Rolle: Faith

1995   **Journey - Verlorene Erinnerungen**
(Original: Journey)   Rolle: Cat

Wie auch Angel ist Daniel „Oz" Osbourne eine mysteriöse Figur. Alles, was man von ihm weiß, ist, dass sein Cousin Jordy ihn gebissen hat, der sich später als Werwolf herausstellt. Mit demselben Fluch beladen, hat der sardonische Oz seit damals etwas an Motivation verloren, und obwohl er besonders intelligent, feinfühlig und einsichtig ist, ist es für ihn zunehmend schwerer geworden, sich auf den Lehrstoff der High School zu konzentrieren. Zwei andere Dinge sind es vor allem, die Oz Freude bereiten; zum einen liebt er es, in seiner Band „Dingoes Ate My Baby" Gitarre zu spielen. Zum anderen ist seine Leidenschaft die introvertierte und ebenso kluge Willow, die seit seiner Verwandlung in einen Werwolf bei ihm ist, so dass ihre Beziehung sich trotz Willows gelegentlichen erotischen Verwirrungen entwickeln kann. Mit Buffys „Scooby Gang" steht er auf freundschaftlichem Fuß und ist als überlegter und rationaler wie verständnisvoller Ratgeber gern gesehen.

Am 8. Februar 1974 erblickte Seth Green in Philadelphia das Licht der Welt. Gegen eine weit verbreitete Meinung, war es nicht das Licht von Kamerascheinwerfern, denn obwohl Gerüchte immer wieder behaupten, seine Geburt wäre live für eine nationale Kampagne des Gesundheitsamtes übertragen worden, waren seine ersten Augenblicke im Leben doch vollkommen alltäglich und unspektakulär. Seine Eltern, Herbert und Barbara Green, hatten sich neben Seths zwei Jahre älterer Schwester Kaela schon immer noch einen Jungen als Nachwuchs gewünscht, und so war seine Geburt die Erfüllung eines Traums für sie. Und schon bald

stellte sich heraus, was für ein lebhaftes, humoriges und liebenswertes Kind er war, ein stets gesundes und glückliches Baby. Früh erfuhr er die ganze Zuneigung und Aufmerksamkeit seiner Eltern, durch Herbert, der an einer staatlichen Schule als Mathematiklehrer tätig war und durch seine Erfahrung mit Kindern eine verständnisvolle und

einsichtig-geduldige Art ihnen gegenüber an den Tag zu legen wusste. Und durch die Mutter Barbara, die als Künstlerin, die mehr als zwei Jahre Europa bereist hatte und dort Kunst studierte, ihrem Sohn alles Entgegenkommen und jede Ermunterung für sein phantasievolles und manchmal ungewöhnliches Wesen bot. Die Umgebung war für das Aufwachsen eines kleinen Jungen mehr als Ideal: Die Familie wohnte in einem Haus in Overbrook Park, einem ruhigen, beinahe idyllischen Stadtviertel, das es Seth ermöglichte, seinen beiden Lieblings-beschäftigungen nachzugehen. Die eine davon war Fußball, die andere

© TWENTIETH CENTURY FOX FILM CORPORATION

eine Leidenschaft für das neueste und begehrteste Spielzeug. Mit seinen Freunden überfiel er regelmäßig die ansässigen Spielzeuggeschäfte, durchsuchte sie nach den Gegenständen seiner Sammlerpassion und tat fast alles, um eine seltene Star-Wars-Figur zu ergattern. Schon bald hatte er Übung darin, die Angestellten zu überzeugen, noch einmal die letzte Ecke des Lagers nach einer Figur zu durchforsten, oder kleinere Kinder zur Seite zu stoßen, um nur früh genug in den Besitz des Er-sehnten zu gelangen - er nannte es „die Jagd". Im Nachhinein gibt Seth unumwunden zu, dass sein Interesse zu dieser Zeit kompomißlos materialistisch gewesen sei - aber was erwarte man; er sei schließlich ein Kind gewesen! Dass er munter - zuweilen etwas zu munter war, bekam seine Umwelt ebenfalls früh zu spüren, niemand war sicher, wenn sein Erfindungsreichtum und Abenteuergeist anfing zu arbeiten; zwar war er weder auf kindliche Grausamkeiten oder kleine Gewalttaten aus, aber Sorgen konnte er seinen Eltern schon bereiten, wenn er sich (zweimal an der gleichen Stelle) die Stirn aufschlug oder die Familiencouch als Trampolin missbrauchte. Im allgemeinen jedoch war er von angenehmer Natur und hasste nichts mehr, als seiner Familie Probleme zu bereiten.

Als eines Tages seine Eltern entschieden, Seth ins Sommerlager zu schicken, wo ihm all die Aktivitäten geboten wurden, die ein Kind begeistern, stellte sich schnell heraus, dass er Schwierigkeiten hatte, eine Wahl zu treffen zwischen Kanufahren, Volleyball oder Kunsthandwerk, so sehr wollte er sich in jedem Moment mit allem beschäftigen. Ein

© TWENTIETH CENTURY FOX FILM CORPORATION

Zufall wollte es aber, dass in diesem Sommer das Schicksal dem kleinen Jungen gleichsam die Entscheidung abnahm: Im Camp sollte das bekannte Musical **HELLO, DOLLY**! aufgeführt werden. Durch sein offensichtliches Schauspieltalent erhielt er eine nicht unwichtige Rolle, und beeindruckte zuerst seine Lehrer und Mitspieler und dann das Publikum - die angereisten Eltern - zutiefst. Er war mehr als glücklich mit der Reaktion aller und hatte ganz nebenbei entdeckt, dass er ein Unterhalter war. Danach war keine große Mühe erforderlich, um seine Familie davon zu überzeugen, dass er Schauspielunterricht nehmen müsse, denn anders als seine Altersgenossen sah er zum Beispiel in Fernsehshows nicht nur Entertainment, sondern die Möglichkeit, andere Rollen anzunehmen und fremde Charaktere zu spielen. Die Frau in der Werbung, erkannte er, ist nicht wirklich begeistert, die Küche putzen zu dürfen; sie spielt ihr häusliches Glück nur vor. Und was für eine Chance, mit Lügen sein Geld verdienen zu können. Barbara und Herbert fanden sich damit ab, dass ihr Junge wohl nicht zu einem gewöhnlichen Teenager heranwachsen würde, und begannen, ihn wo immer möglich zu unterstützen. Später waren sie es sogar, die nicht selten mit ihm seinen Part einübten und ihm beim Studium seiner Monologe halfen. Glücklicherweise besaßen die Greens Verbindungen zum Showgeschäft, da Seths Onkel ein lokaler Casting-Direktor war. Er erkannte die Verve und Energie des jungen Rotschopfs und erklärte sich umgehend bereit, ihn unter Vertrag zu nehmen. Sein erstes Vorsprechen stellte sich dann auch prompt als Erfolg heraus, und er erhielt Arbeit in einem Werbespot für eine neue Schallplatte des Country-Sängers John Denver, obwohl mit ihm Dutzende anderer Bewerber auf die Rolle gehofft hatten. Offenbar war er bereits mit

© CHRISTINA RADISH

sechs Jahren auf dem Weg zum wahren Schauspielerdasein. In der Folgezeit sah man ihn auf jedem Vorsprechtermin, der Jungen seines Alters verlangte, und bald darauf war es auch soweit, sich einen Agenten zu suchen: auf Empfehlung seines Onkels wurde er Klient von Edie Robb. Sehr bald wurde aus Seth das, was Robb als Buchungs-Maschine bezeichnete. Wenn ein Junge für eine Fernsehwerbung gesucht wurde, erhielt Seth zweifellos die Rolle. Nunmehr acht Jahre alt, machte er einen nationalen Spot nach dem anderen, darunter die für „Burger King" oder „Kodak". Gleichzeitig mussten natürlich die schulischen Pflichten erfüllt werden, eine doppelte Belastung, die später eine Entscheidung verlangen sollte. Und der Enthusiasmus für die Werbefilmchen ließ auch nach; die Leidenschaft Seths für das Schauspielen forderte mehr als ein gewinnendes Lächeln für die Kamera. Nach Absprache mit seinem Agenten machte man aus, dass er in Zukunft nur noch Vorsprechtermine für Filme wahrnehmen würde.

Jene Entscheidung ließ ihn allerdings nicht nach der ersten Möglichkeit, die sich ihm bot, greifen. Ein Drehbuch wollte vorsichtig ausgewählt sein, für den neuen Karrierestart war Qualität gefragt. Und tatsächlich stand ihm das Glück zur Seite, denn er fand sich in der engeren Auswahl für das nächste geplante Projekt des renommierten Regisseurs Tony Richardson, **DAS HOTEL NEW HAMPSHIRE** nach einem Roman von John Irving. An seiner Seite würden solche Stars auftreten wie Nastassia Kinski, Jodie Foster oder Rob Lowe, DER Mädchenschwarm der Achtziger, dessen kleinen Bruder Egg Seth spielen sollte. Alle Hauptdarsteller waren schnell davon überzeugt, dass Seth die richtige Mischung aus Seltsamkeit und Witz mitbrachte, und die Nachricht, dass er den Part erhielt, ließ ihn und seine Mutter in Jubel ausbrechen, die sofort den Rest der Familie in Philadelphia von den guten Neuigkeiten in Kenntnis setzte. Wenige Tage nach dem unerwarteten Telefongespräch war er bereits auf dem Weg nach Quebec in Kanada, wo die Dreharbeiten stattfanden. Dort schwand seine ursprüngliche Angst, mit so großen Mimen zusammenzuarbeiten, sofort, da jeder ihm einen warmen Empfang bereitete. Die ganze Zeit in Kanada verlief demnach auch angenehm, er spielte sich in die Herzen aller Beteiligten, obwohl er auch hier - während die anderen zusammen in der Cafeteria saßen - weiter für die Schule lernen musste. Seine Mutter, die ihn begleitete, bestand natürlich darauf, ausschlaggebend war aber vielleicht die Ermutigung Jodie Fosters, die ihn täglich daran erinnerte, wie wichtig eine gute Schulbildung sei, egal, was für einen Beruf man anstrebe. Nachdem der Film die Kinos erreicht hatte, war Seth erstaunt, jetzt noch gefragter zu sein als zuvor, und bald sah man ihn als Gastdarsteller in fast unzähligen

© CINETEXT BILD UND TEXTARCHIV

Fernsehserien.

Kurz darauf aber bot sich ihm eine unter Umständen noch verlocken-
dere Möglichkeit, als das Besetzungsbüro von Woody Allen anrief, um
Seth zu einem weiteren Vorsprechen einzuladen. Ein oder zwei Filme
des großen Regisseurs hatte er schon gesehen, spürte aber vor allem
durch die Reaktion seiner Eltern, dass es sich hier um etwas ganz
besonderes handeln musste. Als es soweit war, als er tatsächlich nach
New York reiste, um in Allens Film dessen Alter ego im Brooklyn der
vierziger Jahre zu verkörpern, bestätigten sich die Ahnungen seiner
Familie vollauf. Woody hatte eine wunderbare Hand im Umgang mit
seinen Kinderdarstellern. Seth freundete sich in kürzester Zeit mit
dem Sohn Mia Farrows, die ebenfalls in dem Film einen Part innehat-
te, an, und bald war er regelmäßiger Gast in Mias und Woodys
Wohnung in Manhattan, gehörte beinahe zu deren Familie und rannte,
mit Wasserpistolen bewaffnet über das Set der Dreharbeiten, ohne
dass es irgend jemand übers Herz brachte, ihn aufzuhalten. Es war für
ihn nicht einfach, Manhattan nach seinen Erlebnissen dort Lebe wohl
zu sagen. Der Film jedoch wurde ein großer Erfolg, sowohl bei den
Kritikern als auch beim Publikum und brachte dem jungen Schauspieler
sogar einen Auftritt in Johnny Carsons berühmter „Tonight Show" ein,
nach einem Oscar das Beste, das einem Mimen passieren kann.

Neben seiner Karriere blieb trotz der Bemühungen seiner verständ-
nisvollen Eltern seine Jugend zusehends auf der Strecke; er vermisste
das Fußballspielen und Fahrradfahren, die beginnende Pubertät bereitete ihm zusätzliche Schwierigkeiten, so dass auch das liebevoll von
seiner Familie ausgerichtete Bar-Mitzvah-Fest, der Eintritt eines Juden
ins Erwachsenenalter, kaum Abhilfe schaffen konnte. Zudem waren
seine Interessen von Star-Wars-Figuren zu jungen Mädchen gewech-
selt, was seine natürliche Schüchternheit gegenüber dem anderen
Geschlecht nicht gerade einfacher für ihn machte. Jedes Mädchen in
seinem Alter sah in ihm eher den guten Freund als einen Partner für
eine Beziehung, und war es auch noch ein wenig zu früh, etwas Festes
anzustreben, so sollte sich dieses Phänomen doch noch bis in die High
School und darüber hinaus hinziehen. Er reagierte mit Trotz, besann
sich auf seine Talente, auf seinen Humor, gab brillante Vorstellungen in
seiner Klasse und auf dem Schulhof, um seine Angst vor der
Einsamkeit in eine Demonstration seiner scheinbaren Unabhängigkeit
umzumünzen. Er war eher skurril als beliebt, und die High School
bedeutete für ihn eher Isolation als Verabredungen und Partys - sicherlich auch eine Folge seiner frühen Berühmtheit, mit der seine
Mitschüler nur schwer umgehen konnten.

Seine wahren Talente aber zeigte er weiterhin auf der Leinwand, in der
Teenager-Komödie **CAN`T BUY ME LOVE (1987)** und dann in dem

Streifen **MEINE STIEFMUTTER IST EIN ALIEN** (Originaltitel: **My Stepmother Is An Alien**). Hier spielte er zusammen mit Stars wie Dan Aykroyd und Kim Basinger, wichtiger für seine spätere Laufbahn sollte allerdings sein Zusammentreffen mit Alyson Hannigan sein, die in dem Film Aykroyds Tochter und die Freundin Seths verkörperte, so dass beide bald ein Band der Freundschaft verband. Zwar landete ein großer Prozentsatz seiner Szenen auf dem Boden des Schneideraums, aber die Schauspielerei war es, die Seth in dieser schwierigen Phase aufrecht hielt. Sein Alter trug einiges dazu bei, dass sich immer weniger Produzenten und Besetzungsbüros bei Seths Agent meldeten, denn langsam wurde er zu alt, um stets den etwas befremdenden, skurrilen kleinen Jungen zu spielen. Eine Durststrecke setzte ein, in der die Unterstützung seiner Eltern mehr als wichtig wurde. Aber von seinem ursprünglichen Plan, Schauspieler zu werden - vielmehr, zu sein - war er von niemandem abzubringen. Also brachte er seiner Familie, als er sechzehn Jahre alt war, bei, dass er nach seinen unangenehmen Erfahrungen auf der High School nicht vorhabe, das College zu besuchen, und nach Kalifornien gehen wolle, wo die Chancen für einen ehrgeizigen Schauspieler sicherlich besser wären als in Philadelphia. Er stieß bei seinen Eltern auf weniger Widerstand als erwartet, seine Mutter suchte sich sogar eine neue Stelle, um ihren Sohn nach Los Angeles begleiten zu können.

Dort war sein einziges Ziel, so viele Vorsprechtermine wie möglich zu bekommen, und bald konnte er seiner Mutter berichten, dass man ihn für den Fernsehfilm **ES** (Originaltitel: **It**) nach einem Buch von Stephen King in Lohn genommen habe. Er sah jung aus für sein Alter, und Hollywood suchte junge Gesichter, die trotzdem mit Erfahrung aufwarten konnten - Seths Chance in der Traumfabrik. Nach weiteren Auftritten im TV und einem nächsten Kinofilm, **HART AUF SENDUNG** (Originaltitel: **Pump Up The Volume**), erhielt Seth einen Vorgeschmack auf seine Zukunft, als er eine Rolle erhielt, die sein späteres Leben prägen sollte. Joss Whedon engagierte ihn für die Filmversion von **BUFFY**, ein Vorläufer der Serie, wie alle wahren Fans wissen, der allerdings an den Kinokassen floppte und keine Begeisterung bei den Kritikern hervorrufen konnte. Die außerordentlich hochkarätige Besetzung dieses Streifens konnte nicht wettmachen, was das Studio verschuldete, indem es Whedon und seinem Projekt zu strikte Vorschriften machte. Seth erinnert sich an seine Erleichterung, als er bemerkte, dass auch in diesem Film das meiste seines Parts herausgeschnitten worden war, da er weder mit dem Film noch mit seiner Leistung zufrieden war und niemals - hätte man hier mehr von ihm zu sehen bekommen - in der Serie **BUFFY** aufgetaucht wäre. Das positive Nachspiel, das seine Mitwirkung in dem Kinofilm haben sollte, ließ jedoch noch einige Zeit auf sich warten. Wiederum begann Seth kleinere Rollen anzunehmen, wenn auch einige davon durchaus respektable Produktionen wie **AKTE X** oder **BEVERLY HILLS 90210** betrafen. 1993 folgte eine Billigproduktion, ein Horrorfilm, in dem Seth gegen gefräßige Riesenzecken antreten musste. Dem Streifen sah man auf den ersten Blick zweierlei an: dass die Darsteller während der Dreharbeiten großen Spaß hatten und dass das Drehbuch so naiv war, dass kein ernsthafter Kritiker sich zu etwas wie einem Lob hinreißen lassen wollte. Es ist unnötig, zu betonen, dass **C2 - KILLERINSEKT (Originaltitel: Ticks)** kein Erfolg wurde und keineswegs ein Meilenstein in Seths Laufbahn genannt werden konnte. Seth begann langsam den Mut zu verlieren, die Angebote waren beinahe durchweg nicht zufriedenstellend, außerdem hatte er zwar in Los Angeles Freunde und Bekannte gefunden, mit denen er durch das Nachtleben der Metropole streifen konnte, eine wirkliche Freundin jedoch war ihm dabei noch immer nicht begegnet. Seine Enttäuschung wuchs, und schließlich fällte er die Entscheidung, seinen langjährigen Agenten Edie Robb aufzugeben und sich einen anderen zu suchen. Wieder spielte er in wenig erfolgreichen Filmen, und sein Versuch, Stammschauspieler in einer Fernsehserie **TEMPORARILY YOURS** zu werden, scheiterte daran, dass aufgrund mangelnder Einschaltquoten

AUSTIN POWERS

die Serie, für die er tatsächlich einen festen Vertrag in der Tasche hatte, bereits nach sechs Episoden abgesetzt wurde. Ein Grund für ihn, sich zu schwören, nie wieder im Fernsehen aufzutreten. Glücklicherweise brach er seinen Schwur gegenüber sich selbst und besuchte auch weiterhin Vorsprechen, die vielversprechend schienen. Das brachte ihm dann auch Starruhm, Anerkennung und Hunderte von Websites, die ihm gewidmet sind, Zeitungsartikel und Merchandiseverträge ein.

Zuerst einmal jedoch hieß es, die Produzenten davon zu überzeugen, dass er der richtige Schauspieler für die Rolle des Oz in der an den Film angelehnten Serie **BUFFY** war. Und allem Anschein nach hatte auch Alyson Hannigan, seine alte Freundin von den Dreharbeiten zu **MEINE STIEFMUTTER IST EIN ALIEN** bei den Verantwortlichen ein gutes Wort für ihn eingelegt, denn sie war nach der Lektüre des Drehbuchs und einigen Zwiegesprächen mit Autor Whedon sicher, dass Seth die einzig richtige Besetzung für diesen Part war. Nur wegen Beziehungen wird in Hollywood natürlich keine Rolle vergeben, das entsprechende Talent ist unerlässlich für den Erfolg, und Seth bewies, dass er vor allem letzteres besaß. Er sprach vor und bestach auf Anhieb durch seine zurückhaltende Natürlichkeit als Oz, wo die anderen Konkurrenten all ihr aufgesetztes Schauspielwerkzeug offenbart hatten. Sofort entschied man sich für Seth, der jedoch noch zögerlich reagierte, da seine letzte Fernseherfahrung für ihn eine große Enttäuschung gewesen war.

Als Oz bewerkstelligte er es dann, die Fans in wahre Gläubige zu verwandeln; sein Part war zuerst auf wenige Folgen angelegt, aber wie so oft in dieser Serie sprachen die Zuschauer ein Machtwort und veranlassten das Studio, den Charakter Oz weiter auszubauen und ihm eine Zukunft in der Serie zu geben. So war seit der Saison 1998-99 Seth ein reguläres Mitglied der Truppe, später hinzugekommen als der Rest der Schauspieler und Techniker, aber bald akzeptiert und von seinen Kollegen aufs höchste geschätzt. Bis dahin gab es zwar einige komische Zwischenfälle, wenn zum Beispiel ein Mitarbeiter ihn in die Statistengarderobe schicken wollte, wenn man ihn fragte, ob er tatsächlich schon Mitglied der Schauspielergewerkschaft wäre, weil man ihn noch zu selten auf dem Set gesehen hatte. Aber Seth hängte ein Foto mit dem gesamten Stab in seiner Umkleide auf, lernte so, jeden beim Vornamen zu nennen, und wurde bald selbst bekannt genug, um sich vollkommen eingegliedert zu fühlen. Besonders die Professionalität seiner Mitspieler, die Wärme, die ihm nicht nur von Alyson entgegengebracht wurde, machten ihm das Arbeiten in den Warner Brothers Studios leicht.

Sicherlich hatte sein Part Nachteile wie Vorteile: Die Vorteile waren in

ICH KANN ES KAUM ERWARTEN

erster Linie, dass die Produktion, die wie eine geölte Maschine ablaufen konnte, trotzdem viel Raum für Kreativität und Erfindungsreichtum ließ, dass **BUFFY** - und das gefiel Seth besonders - gut gemacht und gleichzeitig angsteinjagend war. Zusätzlich aber reizte es Seth, eine Beziehung mit Willow zu spielen, und sei es auch nur vor der Kamera. Allerdings muss er sich stets bemühen, der Öffentlichkeit zu versichern, dass zwischen der realen Alyson Hannigan und dem Seth Green ohne Maske keine Beziehung besteht, dass sie die besten Freunde sind, sich respektieren und schätzen, mehr jedoch nicht. Auf dem Set, scherzt Seth, ist unser Größenunterschied auch kein Problem, ich

© COLUMBIA

habe nichts dagegen, bei einer Kussszene auf einer Apfelkiste zu stehen. Im richtigen Leben ist das etwas anderes. Eine der weniger angenehmen Erfahrungen bei den Dreharbeiten war die Notwendigkeit,
nach seiner Verwandlung in einen Werwolf, die das Drehbuch vorschrieb, jeden Arbeitstag mit sechs Stunden in der Maske zu beginnen. Das Make-up für seine überzeugende Metamorphose in ein
Ungeheuer war überaus kompliziert und kunstvoll und dessen
Anbringung demnach zeitaufwendig. Nach einiger Zeit hatten es die
Maskenbildner geschafft, ihre morgendliche Arbeit auf vier Stunden zu
verkürzen, aber trotzdem bedauert Seth von ganzem Herzen den

ICH KANN ES KAUM ERWARTEN

Stuntman, der in voller Kostümierung seinen Part in den gefährlichen Szenen übernehmen muss. Der wird vor Schweiß, Hitze und Atemnot nur durch ein Sauerstoffgerät am Leben gehalten, lacht er. Ich möchte nicht in seiner Haut stecken. (Ein hier überaus passendes Wortspiel!) Ein weiterer Nachteil für den beinahe hyperaktiven jungen Mann ist Joss Whedons Weigerung, ihn in den riskanten Szenen selbst einzusetzen. Zu gerne würde Seth einmal seine Künste bei einer Filmprügelei oder einem Sturz versuchen. Aber natürlich kann sich keine Produktion mit einem Drehplan den Ausfall eines Darstellers leisten, falls sich Seth bei seinen Eskapaden verletzen sollte.

Mittlerweile ist auch Seth froh darüber, sich nicht endgültig auf Spielfilme festgelegt zu haben. Zudem geht es seinen Worten nach in den Studios von **BUFFY** durchaus wie bei einer großen Filmproduktion zu. Trotzdem tut er oft genug das, was all seine Kollegen in den allsommerlichen Drehpausen tun, er sucht nach geeigneten Filmrollen. Das liege daran, erklärt Seth Green, dass die großen Firmen spätestens seit **SCREAM** und **TITANIC** bemerkt hätten, dass das Teenager-Publikum ein nicht zu ignorierender Marktfaktor sei. Wenn also ein bei ihm beliebter Serienstar auf der Leinwand auftauche, sei das fast wie eine Erfolgsgarantie. So kann sich Seth seit seinem Einstieg in die so populäre Serie vor Angeboten aus dem Filmbereich kaum mehr retten. Anders als seine Kollegen jedoch legt er nicht unbedingt Wert auf Hauptrollen - die Qualität des Scripts und die Erfahrung und Reputation des Regisseurs sind ihm bei der Auswahl seiner Arbeit weit wichtiger. Zwar hat er in letzter Zeit in einigen Filmen mitgespielt, die weder in der Öffentlichkeit noch bei den Rezensenten auf Gegenliebe stoßen konnten, so zum Beispiel der College-Streifen **CAN`T HARDLY WAIT**, der ihn als weißen Hip Hoper auf dem Weg ins Erwachsenenleben präsentiert, oder die Horror-Komödie **DIE KILLERHAND (Originaltitel: Idle Hands)**, in der er einen Untoten darstellt. Aber genauso bewies er eine glückliche Hand bei der Wahl seiner Projekte, als er neben Will Smith und Gene Hackman in **STAATSFEIND NR. 1 (Originaltitel: Enemy Of The State)** zu sehen war. Seinen größten Coup landete er jedoch als Sohn des berüchtigten Dr. Evil in Mike Myers **AUSTIN POWERS**. Hier fand er für jeden Schauspieler paradiesische Zustände vor, die Möglichkeit, sein komisches Talent Tag für Tag auszuspielen, zu improvisieren und die Freundschaft des gesamten Teams, das nicht erwartete, dass ihr irrwitziges Werk tatsächlich 54 Millionen Dollar in Amerika einspielen sollte. Und auch im zweiten Teil von **AUSTIN POWERS** behielt Seth seine Rolle. Nicht etwa, weil er auf der alten Erfolgswelle weiterschwimmen wollte, sondern weil ihn das Drehbuch wiederum so sehr zum Lachen brachte, dass er sich beinahe für Stunden kaum beruhigen konnte. (Die zweite Folge sollte mit 205 Millionen Einspiel noch erfolgreicher werden.)

Seth Green ist schließlich da angelangt, wo er immer sein wollte, im Rampenlicht der Öffentlichkeit. Obwohl er betont, dass Ruhm weniger wichtig sei, zuweilen sogar lästig sein könne, wenn es nicht mehr möglich ist, einzukaufen oder zum Friseur zu gehen, ohne von begeisterten Fans überfallen zu werden. Zentraler für ihn, einen Vollblutmimen, sei es, gute Arbeit zu leisten, da komme es nicht darauf an, in einem Interview für ein beliebiges Magazin die Wahrheit zu sagen (er behauptet gerne, sich freiwillig zum Friedenschor gemeldet zu haben, wenn ein Journalist zu sehr in ihn dringt), sondern nur darauf, das auf der Leinwand zu versuchen. Einiges beginnt sich in Seth Greens Leben zu ändern: Er hält auch nach ernsteren Rollen Ausschau, um ein wenig sein Horror- und Comedy-Image ablegen zu können; er plant, mit Freunden eine Produktionsfirma zu gründen, die seiner Aussage nach entweder gute Filme oder zumindest gute Ideen in die Welt setzen soll; und endlich hat er auch die Frau seines Herzens gefunden, die schöne, selbstbewusste und intelligente Chad Morgan. All das hat er seinem Motto zu verdanken, das ihn vermutlich über so manche Enttäuschung hinweggetröstet hat: Wenn man wirklich ein Ziel hat, darf man nicht aufgeben. Man hat mir gesagt, dass Hartnäckigkeit der Schlüssel zum Erfolg ist und Zielstrebigkeit der einzige Weg, seine Ziele zu erreichen. Dass Seth Green beharrlich sein kann, hat er oft genug bewiesen, dass seine Bescheidenheit darum mit einem Schuss Ironie gewürzt ist, macht ihn nicht weniger glaubwürdig, wenn er hinzufügt: Es ist eine Freude etwas zu machen, das sich viele Leute anschauen, dann fühlst du dich weniger wie, na ja, also... weniger wie ein Verlierer.

Filmographie

F i l m e (Auswahl)

2001   Rat Race
Rolle: Duane

2000   Diary Of A Mad Freshman
Rolle: unbekannt

Knockaround Guys
Rolle: Jonny Marbles

The Attic Expeditions
Rolle: Douglas

1999   Austin Powers
- Spion in geheimer Missionarsstellung
(Original: Austin Powers:
The Spy Who Shagged Me)
Rolle: Scott Evil

Die Killerhand
(Original: Idle Hands)
Rolle: Mick

1998   Staatsfeind Nr. 1
(Original: Enemy Of The State)
Rolle: Selby

Ich kann es kaum erwarten
(Original: Can´t Hardly Wait)   Rolle: Kenny Fisher

1997   Austin Powers - Das Schärfste, was Ihre Majestät zu bieten hat
(Original: Austin Powers: International Man Of Mystery)   Rolle: Scott Evil

1996   Schatten einer Liebe
(Original: To Gillian On Her 37th Birthday)   Rolle: Danny

1993   Airborne   Rolle: Wiley

Auf der Spur des Terrors
(Original: Double O´Kid)   Rolle: Chip

C2 - Killerinsekt
(Original: Ticks)   Rolle: Tyler Burns

1990   Hart auf Sendung
(Original: Pump Up The Volume)   Rolle: Joey

1988   Meine Stiefmutter ist ein Alien
(Original: My Stepmother Is An Alien)   Rolle: Fred Glass

1987   Can´t Buy Me Love   Rolle: Chuckie Miller

Radio Days   Rolle: Joe

1984   Das Hotel New Hampshire
(Original: The Hotel New Hampshire)   Rolle: Egg

F e r n s e h e n (Auswahl)

2001   Buffy - Im Bann der Dämonen
(Original: Buffy The Vampire Slayer)
5. Staffel
Rolle in allen Folgen: Oz

2000   Buffy - Im Bann der Dämonen
(Original: Buffy The Vampire Slayer)
4. Staffel
Rolle in allen Folgen: Oz

Folge: **Frischlinge**   (Original: The Freshman)
Folge: **(K)eine Menschenseele**   (Original: Living Conditions)
Folge: **Der Stein von Amara**   (Original: The Harsh Light Of Day)
Folge: **Dämon der Angst**   (Original: Fear, Itself)
Folge: **Das Bier der bösen Denkungsart**   (Original: Beer Bad)
Folge: **Wilde Herzen**   (Original: Wild At Heart)
Folge: **Abschiede**   (Original: New Moon Rising)
Folge: **Jedem sein Alptraum**   (Original: Restless)

1999   Batman Beyond: The Movie   Rolle: Stimme von Nelson Nash

100 Deeds For Eddie McDowd   Rolle: Stimme von Eddie McDowd

Family Guy   Rolle: Stimme von Chris Griffin

Angel
(Original: Angel)
1. Staffel
Folge: **In The Dark**   Rolle: Oz

Buffy - Im Bann der Dämonen
(Original: Buffy The Vampire Slayer)
3. Staffel
Rolle in allen Folgen: Oz
Folge: **Anne**   (Original: Anne)
Folge: **Die Nacht der lebenden Toten**   (Original: Dead Man´s Party)
Folge: **Neue Freunde, neue Feinde**   (Original: Faith, Hope & Trick)
Folge: **Die Qual der Wahl**   (Original: Homecoming)
Folge: **Außer Rand und Band**   (Original: Band Candy)
Folge: **Der Handschuh von Myhnegon**   (Original: Revelations)
Folge: **Liebe und andere Schwierigkeiten**   (Original: Lover´s Walk)
Folge: **Was wäre wenn**   (Original: The Wish)
Folge: **Heimsuchungen**   (Original: Amends)
Folge: **Hänsel und Gretel**   (Original: Gingerbread)
Folge: **Die Reifeprüfung**   (Original: Helpless)
Folge: **Die Nacht der lebenden Leichen**   (Original: The Zeppo)
Folge: **Der neue Wächter**   (Original: Bad Girls)
Folge: **Doppelgängerland**   (Original: Doppelgangland)
Folge: **Gefährliche Spiele**   (Original: Enemies)
Folge: **Fremde Gedanken**   (Original: Earshot)
Folge: **Die Box von Gavrock**   (Original: Choices)
Folge: **Der Höllenhund**   (Original: The Prom)
Folge: **Das Blut der Jägerin**   (Original: Graduation Day, Part 1)
Folge: **Der Tag der Vergeltung**   (Original: Graduation Day, Part 2)

1998   **Buffy - Im Bann der Dämonen**
           (Original: Buffy The Vampire Slayer)
           2. Staffel
           Rolle in allen Folgen: Oz
           Folge: **Das Geheimnis der Mumie**   (Original: Inca Mummy Girl)
           Folge: **Die Nacht der Verwandlung**   (Original: Halloween)
           Folge: **Die Rivalin**   (Original: What My Line? Part 1)
           Folge: **Das Ritual**   (Original: What My Line? Part 2)
           Folge: **Der Fluch der Zigeuner**   (Original: Surprise)
           Folge: **Der gefallene Engel**   (Original: Innocence)
           Folge: **Der Werwolfjäger**   (Original: Phases)
           Folge: **Der Liebeszauber**   (Original: Bewitched, Bothered
                                                                          And Bewildered)

	Folge: **Wendepunkte**	(Original: Becoming, Part 1)
	Folge: **Spiel mit dem Feuer**	(Original: Becoming, Part 2)
1995	**Cybill**	(Original: Cybill)
	Folge: **Ein Tag der Erholung**	
	(Original: Cybill Sheridan´s Day Off)	Rolle: Jaybo
1993	**SeaQuest**	(Original: SeaQuest DSV)
	Folge: **Kampf gegen die Welt**	
	(Original: Photon Bullet)	Rolle: Mark Wolfman
	Akte X	(Original: The X-Files)
	Folge: **Die Warnung**	
	(Original: Deep Throat)	Rolle: Emil
1992	**Verrückt nach Dir**	(Original: Mad About You)
	Folge: **Eine herbe Enttäuschung**	
	(Original: Guardianhood)	Rolle: Bobby Rubenfeld
	Wunderbare Jahre	(Original: The Wonder Years)
	Folge: **Frisch gestrichen**	
	(Original: Sex and Economics)	Rolle: Jimmy Donnelly
1990	**Stephen Kings ES**	
	(Original: Stephen King´s IT)	Rolle: Richie Tozier
	Beverly Hills 90210	(Original: Beverly Hills, 90210)
	Folge: **Wunder dauern etwas länger**	
	(Original: The Game Is Chicken)	Rolle: Wayne
1985	**Spencer**	(Original: Spenser: For Hire)
	Folge: **Angst und Hoffnung**	
	(Original: The Hopes And Fears)	Rolle: Andy Chandler

Spike trägt seinen zweiten Namen - William der Blutige - zu recht: Seit er mit seiner Freundin Drusilla in Sunnydale angekommen ist, hat der hundertsechsundzwanzig Jahre alte blonde Punk nichts unversucht gelassen, das Leben der Anwohner im allgemeinen und der Vampirjäger im besonderen zur Hölle zu machen. Zu den gewalttätigsten und grausamsten Einfällen des sadistischen Vampirs Spike zählten bisher ein Angriff auf die High School, die Wiedererweckung des „Richters", um die Welt endgültig in Chaos und Zerstörung versinken zu lassen, und der Versuch, „Tarakan"-Mörder anzuheuern, die seine Erzfeindin Buffy aus dem Weg räumen sollten.

Aber seiner gerechten Strafe ist Spike bisher entgangen, niemand konnte ihn bisher in Staub verwandeln. Das liegt aber nicht zuletzt daran, dass er sich vor einiger Zeit verändert hat, zahmer und weniger destruktiv und brutal ist, da es einer geheimnisvollen, im Untergrund operierenden Organisation, die sich die „Initiative" nennt, gelungen ist, ihn zu entführen und einen Computerchip in sein Gehirn einzupflanzen, der seinen Drang zu töten unter Kontrolle hält. Spike schaffte es zwar, der Initiative zu entkommen, aber von diesem Moment an muss er immer dann, wenn der Drang ihn überkommt, einen Menschen zu beißen, schwere neurologische Schmerzen ertragen, die ihn schließlich für lange Zeit sogar an den Rollstuhl gefesselt haben. Dru hat ihn daraufhin allein zurückgelassen, und wie es um seine Zukunft bestellt ist, ist mehr als ungewiss...

Es erscheint seltsam, dass der am 20. August 1969 geborene James Marsters durch eine Rolle als Vampir Berühmtheit erlangt hat, da seine Familie der anderen Seite zugehört: Sein Vater war Prediger, seine Mutter eine Sozialarbeiterin, die sich beinahe ins Kloster zurückgezogen hätte. Geboren wurde James in Greenville/Kalifornien, er wuchs jedoch zusammen mit seinen Brüdern und Schwestern in Modesto auf. Hier fing er schon früh mit der Schauspielerei an, denn bereits in der vierten Klasse konnte man ihn als Eeyore in einer dramatisierten Fassung von **WINNIE THE POOH** auf der Bühne der Schule bewundern. Seine wirkliche Berufung aber spürte er erst in der sechsten Klasse und gab sich von da an alle Mühe, in jeder Theaterproduktion seiner Lehranstalt mitzuwirken, darunter auch nicht wenige Musicals. (Marsters besitzt eine lyrische Baritonstimme, die er aber - gibt er sorgenvoll zu - durch Zigarettenrauch verdorben habe.) Als Schauspieler aus Leidenschaft - seine Mutter erinnerte ihn wiederholt daran, dass jede Beschäftigung die volle Aufmerksamkeit und alles Engagement fordere, das man aufbringen könne -, ist er sich bewusst darüber, dass die Entscheidung, sein Leben mit dem Verkörpern fiktiver Personen zu verbringen, vor allem im Inneren und ganz persönlich getroffen wird. Es komme nicht darauf an, ob man wirklich gerade arbeite oder nicht, versichert James, denn Schauspieler arbeiten viel zu oft nicht auf der Bühne oder vor der Kamera. Man müsse jedoch wissen, dass man ein Schauspieler sei und nicht nur jemand, der zufällig eine Rolle übernommen hat. Sein Weg war also vorgezeichnet. Nachdem er die Davis High School abgeschlossen hatte, schrieb er sich an der weltbekannten Julliard School für Darstellende Künste ein, um seinen Traum wahr werden zu lassen. Aber schon bald nachdem er dort angenommen worden war, sah er sich von der Institutsleitung auch schon wieder auf die Straße gesetzt, da er mit den Methoden des Schauspielertrainings dort nicht einverstanden war und zuweilen seinen Unwillen auch deutlich zeigte. Andere Schulen waren hingegen großzügiger, so dass James Marsters die Möglichkeit erhielt, seine Studien an zwei anderen Häusern abzurunden, dem Pacific Conservatory für Darstellende Künste und dem American Conservatory Theatre. Noch heute behauptet er, College-Theater sei für ihn die beste Übung gewesen, hier habe er zum ersten Mal wahrhaft eine Figur verkörpert und nicht nur seinen Text rezitiert. Auch die Produktionen, **MICHELANGELO** unter der Regie von Robert Benedetti oder Ionescos **NASSHÖRNER**, dürften zu seiner Theaterbegeisterung beigetragen haben.

Zuerst allerdings machte er sich nach Beendigung seiner Laufbahn auf nach New York und wurde - Barmann. James Marsters betont, wie unerträglich diese Zeit für ihn gewesen ist, will aber ebenso wenig darüber sprechen, da die Erlebnisse während jener Periode seines Lebens ihm immer noch zu nahe gehen. Erst sein weiterer Umzug nach Chicago brachte die Wende, ließ ihn tatsächlich auf einen Topf mit Gold stoßen. Er bewerkstelligte es, Rollen in beinahe zehn Theateraufführungen zu bekommen, unter denen seine liebste die des Mörders Todd Kemp in dem Drama **MORTAL RISK [Tödliches Risiko]** war, vielleicht ein vorausweisender Fingerzeig auf seine Rolle in **BUFFY**, denn das Stück war gut geschrieben und gleichzeitig offen gewalttätig. Zivilisierter ging es wahrscheinlich bei einer ebenso wichtigen Produktion zu, die ihn als Hauptdarsteller auf der Bühne forderte, auch in der von ihm mitgegründeten Genesis Theatre Company: **DAS LEBEN - EIN TRAUM** von Calderon de la Barca, den Marsters immer noch als den spanischen Shakespeare über alles verehrt. In den frühen Neunzigern wechselte er wieder seinen Wohnort; diesmal verschlug es ihn aus der „windigen Stadt" Chicago in die „regnerische Stadt" Seattle, wo er sich zum ersten Mal als Regisseur versuchte. Über vier Jahre leitet er das New Mercury Theatre, dessen Truppe zuweilen in

einem Kirchenkeller auf dem Kapitolhügel auftrat, jedoch größere Zuschauerzahlen in ihrem eigenen Haus, einem Loft am Pioneer Square, anziehen konnte. Die Arbeit als Regisseur machte großen Spaß, aber sie hatte natürlich auch ihre Schattenseiten. So beschränkte sie sich nicht nur darauf, den Schauspielern Anweisungen zu geben und gemeinsam mit ihnen das Stück zu erarbeiten, sondern verlangte ebenso von Marsters, den Produzenten zu mimen, Karten zu verkaufen, die Sitze im Parkett zu säubern oder Bühnenbilder zu malen.

Das Gespräch mit einem von ihm sehr verehrten Schauspielkollegen, Michael Winters, der zu diesem Zeitpunkt bereits fünfzig Jahre alt war und sich kaum leisten konnte, sein Auto in Schuss zu halten, überzeugte ihn jedoch von der Notwendigkeit, sich nach einer Tätigkeit umzusehen, die lukrativer war und zumindest ein Minimum an finanzieller Sicherheit gewähren konnte. Denn obwohl James Marsters glaubte, ein wirklich talentierter Mensch könne auch wirklich berühmt werden und sorgenfrei leben, war Winters trockene Antwort darauf, dass er niemals mehr Geld verdienen würde als James momentan, dass zwar in jungen Jahren ein spärlicher Lohn ausreiche, um das Leben angenehm zu gestalten, dass man aber auch mit der Zeit andere Ansprüche entwickle und irgendwann einmal versorgt sein wolle. Also machte sich der erfahrene Bühnenmime auf den Weg in Richtung Süden, nach Kalifornien. Ein Freund aus gemeinsamen Kindheitstagen, der mittlerweile in Los Angeles ein Besetzungsbüro leitete, half Marsters bei der Suche nach einem Agenten, der wiederum verschaffte seinem neuen Klienten einige kleine Rollen in Fernsehserien, besonders in **AUSGERECHNET ALASKA** und **MILLENIUM**. In ersterer, genauer in der Episode **IT HAPPENED IN JUNEAU**, hatte er genau drei Textzeilen auswendig zu lernen; und jede dieser Zeilen bestand aus nicht mehr als einem einzigen Wort, denn es handelte sich lediglich um ein kurzes Gespräch, das die von ihm gespielte Figur mit dem Protagonisten während einer Fahrt mit dem Aufzug führt.

Und dann war es schließlich soweit: er erhielt einen Anruf aus der Produktionsabteilung einer Serie, die bei Warner Brothers gedreht wurde, ihm bis dahin vollkommen unbekannt. Als er sich nähere Informationen verschaffte, um was für eine Serie es sich dabei überhaupt handelte, war seine erste Reaktion: „**BUFFY**, die - was?" Natürlich aber erschien er beim Vorsprechen, und seine Chancen waren nicht die schlechtesten. Schon geraume Zeit hatten die Studios nach der geeigneten Besetzung für die neu eingeführte Rolle des Spike gesucht, ungewöhnlich viele Tests mit jungen Schauspielern waren durchgeführt worden, aber der richtige war nicht dabeigewesen. Später erfuhr Marsters, dass alle großen Namen entweder nicht die Ansprüche der Regisseure bei **BUFFY** erfüllen konnten oder selbst ablehnten. Er aber hatte das Glück, alle zu überzeugen, und nicht nur deswegen, weil das Team mit dem Rücken zur Wand stand und in kürzester Zeit ein passendes Gesicht benötigte. Man ließ ihn also seinen Part sprechen - mit einem Südstaaten-Akzent, dann mit einem britischen Akzent, und da James in der Lage ist, selbst einen Engländer über seine Herkunft zu täuschen - vielleicht eine Folge seiner tiefen und eingehenden Beschäftigung mit den Dramen William Shakespeares - war es für ihn ein leichtes, den geforderten Cockney-Ton perfekt zu imitieren. Des weiteren wurde von ihm eine Szene mit der bereits gecasteten Juliet Landau verlangt, die in der Serie die Drusilla spielte, und die Chemie zwischen beiden war auf Anhieb so harmonisch und überzeugend, ihre Lust zu spielen und das Beste daraus zu machen so offensichtlich, dass die Verantwortlichen bald nach dem Vorsprechtermin James Marsters gratulieren und ihn darüber informieren konnten, dass er die Rolle habe. Einerseits lag das sicherlich an dem, was man im allgemeinen so geheimnisvoll Leinwand- oder Bühnenpräsenz nennt, denn Marsters als peroxid-blonder Blutsauger beherrscht jede Szene, in der er auftritt, vollkommen; auf phänomenale Weise lenkt er das Geschehen, ohne dabei auch nur ein Wort zu sprechen, und selbst als er in der Mitte des folgenden Episodenblocks an einen Rollstuhl gefesselt war, war seine Darstellung an der Seite von David Boreanaz und Juliet Landau doch beeindruckend. Aber James weiß, dass es nicht zuletzt die Offenheit und Spontanität Juliets gewesen ist, die ihm diese Arbeit verschaffte, ihm wenigstens den Weg auf das Set ebnete, denn, so erinnert er sich: „Sie hätte auch kühl ihre Zeilen sprechen und mich hängen lassen können, aber sie entschied sich für das Gegenteil und spielte ihre Rolle mit aller Energie. Sie machte es mir leichter, was sie nicht hätte tun müssen; sie beschloss, hier und jetzt mit mir von der Klippe zu springen, und das hat auch unsere spätere Zusammenarbeit geprägt. Wir kommen einfach wunderbar miteinander aus."

Spike, alias William der Blutige, war ausgedacht, um Leben in die Serie zu bringen und Buffy vor ein paar wirklich schwerwiegende Probleme zu stellen. In der ersten Episode **ELTERNABEND MIT HINDERNISSEN**, in der er mit seiner Freundin Dru in Sunnydale auftaucht, indem er mit seinem Wagen das „Willkommen"-Schild am Ortseingang ummäht, um dann die Tür zu öffnen und seine schweren Stiefel zu Christophe Becks harter Musik auf den Asphalt zu setzen, ist bereits der Charakter mit den ersten Bildern definiert: Spike ist der leidenschaftlich böse Vampir, dem das Töten Freude bereitet und der keine Skrupel kennt. Joss Whedon nannte als Orientierungspunkt für seinen Schauspieler Sid Vicious, den Sänger und Gitarristen der Punk-Rock-Band The Sex Pistols. Spike und Dru sollten das blutsaugende Pendant zu Sid und Nancy (Groupie und Geliebte Nancy Spungen) sein, und nachdem James als Besetzung für den Part feststand, kam Joss auf ihn zu und bat ihn um weniger Laurence Olivier und mehr Tim Roth.

Ursprünglich war seine Rolle als Gastauftritt geplant, nach drei bis maximal fünf Episoden wird dieser Ultra-Schurke an Biss - im wahrsten Sinne des Wortes - verloren haben und reif sein, von seiner Widersacherin Buffy in ein Häufchen Staub verwandelt zu werden. Aber die Reaktionen der Zuschauer und zukünftigen Fans des wasserstoffblonden Vampirs (James Marsters hat übrigens in Wirklichkeit dunkles gelocktes Haar, obwohl er gerne augenzwinkernd behauptet, seine natürliche Haarfarbe sei blau) waren derart heftig und geprägt von begeisterter Zustimmung, dass James nach drei Folgen ins Drehbuch schaute und feststellte, dass er noch lebte, dass ihm in der fünften Episode beinahe der Schädel zertrümmert wurde und er von seinem bevorstehenden Tod schon überzeugt war, dann jedoch für die nächste Folge überraschenderweise ein Script zugeschickt bekam und so bemerkte, dass er zu einem regulären Charakter in der Serie aufgestiegen war.

Was aber macht einen bösartigen und sadistischen Vampir derart beliebt, dass der Wille des Publikums fordert, ihn weiterhin gegen die

Heldin der Serie kämpfen zu sehen? Nach James Marsters Meinung ist dies zweierlei: Zum einen besitzt der Schurke immer eine gewisse Anziehungskraft, vor allem deshalb, weil er alles ausspricht, was der Zuschauer in seinem Alltagsleben niemals zu äußern wagte. Darüber hinaus ist er zerstörerisch, unehrlich, rachedurstig, alles Eigenschaften, die sich das Publikum selbst untersagt hat und darum großen Gefallen an einer Figur findet, die sich hemmungslos über solche Grenzen hinwegsetzt. Zum anderen hat die Schauspielkunst Marsters' zusammen mit der inspirierten Arbeit des Autors Joss Whedon dem Charakter Spikes Tiefe zu geben vermocht. Natürlich ist er schlecht, aber er besitzt im gleichen Augenblick die Fähigkeit, wahre Liebe zu empfinden, erklärt James. Seine Zuneigung zu Dru ist nicht gespielt oder opportunistisch, und es bricht ihm beinahe das untote Herz, als sie ihn verlässt. Wie tief er verletzt ist, sieht man daran, dass er sich auf eine neue Beziehung einlässt, aber nur um sich an den Frauen im allgemeinen zu rächen. Außerdem hat ein Schurke in einer Serie oder einem Film immer ein großes Handicap, das Joss jedoch auf gekonnte Art bewältigte: Der Böse darf keinen Erfolg haben, denn dann gäbe es kein Happy End, Buffy kann Spike nicht unterliegen, sonst wäre die Serie zu Ende. Andererseits darf er auch nicht zu oft in seinen Versuchen, sie zu töten, scheitern, denn das macht ihn zu einem pathetischen Verlierer, der mit der Zeit lediglich lächerlich, keinesfalls jedoch gefährlich wäre. Die einzige Möglichkeit, diesen gordischen Knoten zu lösen, ist, den Vampir auf die Seite der Guten überlaufen zu lassen, und ein erster Schritt dazu ist ja bereits vom Autor getan, Spikes Konversion ist schon in die Wege geleitet. Denn das Eingreifen der „Initiative" hat ihm nicht nur seine Stärke als Vampir geraubt und ihm körperlich alle Kraft genommen; es hat auch den ein oder anderen weichen Zug in dem Ungeheuer Spike offenbart, eine Hilflosigkeit, die ihn einmal sogar dazu veranlasste - glücklicherweise erfolglos -, den Versuch zu unternehmen, sich selbst einen angespitzten hölzernen Pfahl ins Herz zu rammen.

Ob das Mitleid gegenüber William dem Blutigen aber für die Zukunft hinreicht und ob der von der „Initiative" in sein Gehirn eingesetzte Chip ihn endgültig daran hindern wird, Böses zu tun, ist nicht sicher. James Marsters vermutet jedoch, dass Spike auch nicht endgültig auf die Seite seiner ehemaligen Feinde wechselt, dass er vielmehr Buffy bei deren Aktionen helfen könnte, wenn es ihm nützen sollte, dass er sich jedoch sonst noch immer nach ihrem Tod sehnen wird. Ganz grundsätzlich scheint ihm Spike ein Charakter zu sein, der als erstes durch seine Gewalttätigkeit definiert ist; und es hätte gefährlich werden und - dramaturgisch - ein böses Ende nehmen können, dieses Element aus der Serie herauszunehmen. Andererseits ist es für

JAMES MIT FREUNDIN LIZ

James durchaus einsehbar und verständlich, dass man das Schurkische der Figur etwas dämpfen und zurücknehmen musste, um sie auf lange Sicht in der Serie funktionieren zu lassen. Nur ein nicht zu starkes und absolutes Gegengewicht zur guten Seite, zu Buffy und ihren Freunden, konnte in der Handlung überleben und ein regulärer Charakter innerhalb der Fernsehepisoden werden - was in der Mitte des vierten Folgenblocks auch tatsächlich geschah. Dass aber damit der Weg des Vampirs für die nächsten Folgen, geschweige denn für die gesamte nächste Saison festgelegt wäre, ist ein Trugschluss. Denn niemand außer den Autoren weiß, wie die Geschichte um Buffy und ihre Freunde und Widersacher weitergehen könnte, was ein hauptsächlicher Reiz dieser Serie ist. Zudem ist Joss Whedon dafür bekannt, vielleicht auch eher berüchtigt, dass er gerne alle Erwartungen seiner Mitarbeiter und seines Publikums enttäuscht - und er scheint genug Kreativität zu besitzen, um das immer wieder zu tun. Das geht so weit, dass sich James Marsters nur ungern zu Prognosen oder Spekulationen zum weiteren Verlauf der Serie oder zur Entwicklung seiner Figur Spike hinreißen lassen möchte. Abergläubisch meint er, sobald etwas ausgesprochen sei, müsse Joss das Gegenteil davon tun, weshalb es besser sei, nicht über die Zukunft von **BUFFY** zu sprechen, sich seinen Teil zu denken und so wenigstens in relativer Sicherheit vor der Feder des genial-manischen Autors und Produzenten Whedon zu sein. Der ist zudem bekannt für seine radikalen Einfälle, was die Behandlung seiner Charaktere betrifft: Da Buffy kurzzeitig eine Ratte war, Xander einen Büstenhalter trug, Marc Blucas, der den Riley spielt, in voller Cowboy-Montur einen Auftritt bestreiten durfte und Mercedes McNab (Harmony) als Milchmädchen, würde es James ganz und gar nicht wundern, in der nächsten Episode ein Tutu tragen zu müssen.

Wie auch immer sich der Charakter Spike entwickeln wird, James hat jedenfalls große Freude an seiner Arbeit auf dem Set von **BUFFY**. Nicht zuletzt liegt das an seiner Liebe zu Spezialeffekten und großem Action-Aufwand bei Filmen aller Art. So viele gefährliche Aufnahmen und Stunts das Team oder der Produzent ihm zugestehen wollen, übernimmt er mit Energie und Begeisterung. Schließlich hat er durch seine langjährige Theatererfahrung gelernt, einen Bühnenkampf überzeugend und lebensecht zu inszenieren und durchzuführen, und dort war es noch nicht einmal möglich, mitten in der Szene zu schneiden und für den riskanteren Teil des Kampfs ein Stuntdouble zu bemühen. Für die wirklich halsbrecherischen Aktionen steht James natürlich ein trainierter Profi zur Verfügung, Steve Tartalia, der ohne zu zögern kopfüber aus einem Fenster im zweiten Stock springt und in seiner freien Zeit James die Grundbegriffe seiner Arbeit beibringt. Denn einen

© CHRISTINA RADISH

Schlag zu platzieren oder getroffen zu werden, ist zwar noch im Bereich des Möglichen für den jungen Schauspieler, wann immer aber seine Füße den Boden verlassen, wenn er durch die Luft gewirbelt wird und hart an eine steinerne Mauer prallt, springt sein Double für ihn ein.

Nicht tatsächlich ein Stunt, dennoch eine höchst unangenehme Angelegenheit für James Marsters ist die Menge an künstlichem Blut, die er in seiner Rolle als Vampir zu konsumieren gezwungen ist (solange er im Rollstuhl saß, trank er es aus Plastikbeuteln). Er findet es mehr als ekelhaft, denn es ist viel zu süß, egal, ob es entweder aus Karo-Sirup und Lebensmittelfarbe hergestellt wird oder aus Erdbeer Quik, wie er verrät. Sein eigenes Lieblingsrezept, das er anwendete, wenn in seiner Laufbahn am Theater Blut auf der Bühne fließen musste, sei weitaus besser verträglich und schmecke nicht derart klebrig und fade wie das bei **BUFFY** verwendete. Er bevorzugt diese alte „Sam-Peckinpah-Mixtur": Melasse, Karo-Sirup, rote Lebensmittelfarbe, Erdnussbutter und Kaffee.

Trotzdem überwiegen für ihn die angenehmen Seiten bei den Dreharbeiten. Nur anerkennende und lobende Worte findet er für seine Kollegen, die sich seiner Meinung nach vor allem durch ihre Professionalität auszeichneten. Jeder arbeite sehr konzentriert, aber gleichzeitig habe man das Gefühl, in einer großen Familie zu filmen. Manchmal komme es ihm vor, als bestünde sein Tag hauptsächlich aus Zeitvertreib mit seinen Mitspielern, aus entspannter Atmosphäre und häufigem Scherzen. Sowohl im Studio, in dem die **BUFFY** Folgen entstehen, als auch auf dem Set von **ANGEL** fühlt er sich von Menschen umgeben, die feinfühlig und ernst ihr Talent zum Einsatz bringen können, so zum Beispiel Kevin Westin, Gaststar bei **ANGEL** in der Rolle des Marcus oder Mercedes McNab, die bei **BUFFY** die Harmony verkörpert und mit Spike eine kurze Affäre unterhielt. Neben den Kollegen ist es der Stil der Figur Spike, der es James angetan hat; sein ledernes Outfit ist, wie er findet, wie für ihn geschaffen, und er trage den besten Mantel in ganz Hollywood - noch nie habe er einen besseren gesehen, ausgenommen vielleicht den von Rutger Hauer in **BLADE RUNNER**, der nicht nur deswegen (neben **APOKALYPSE NOW**) zu seinen Lieblingsfilmen zählt. Am wichtigsten unter den positiven Aspekten seiner Mitarbeit an der Serie ist aber doch die finanzielle Sicherheit, die er dort genießen darf. Nachdem er erfahren musste, dass das Geld für die meisten Schauspieler stets ein Problem darstellt, nachdem er während seiner College-Zeit aus Geld-

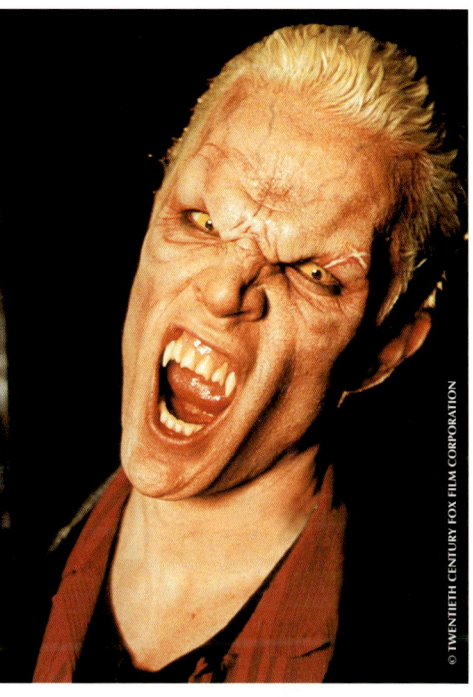

mangel des öfteren die Entscheidung zwischen einem Spiderman-Heft - er ist ein großer Comicfan - und einem Glas Mayonnaise für seine ansonsten unbelegten Sandwichs treffen musste, erscheint es ihm fast wie ein Luxus, ein wenig seine neue finanzielle Freiheit genießen zu können. (Trotzdem konnte er sich nicht dazu durchringen, als man ihm vor einiger Zeit das Angebot machte, einen Vertrag über mehrere Jahre für die Serie **BUFFY** zu unterschreiben; das, gibt er unumwunden zu, habe ihm dann doch ein wenig Angst eingeflößt, so dass er sich auf lediglich zwei Jahre habe festlegen lassen wollen.)

Ohnehin hat er eigentlich keine Zeit, sein hart verdientes Geld auch ausgeben zu können. Denn in den Pausen zwischen den Dreharbeiten versucht James genau wie seine Kollegen, in anderen Bereichen ein Bein auf den Boden zu bekommen, vorzugsweise in größeren Leinwandproduktionen. Dabei gilt für ihn allerdings die Maxime, dass das Independent-Kino dem großen und institutionalisierten, in dem es nur noch um hohe Profite zu gehen scheint, vorzuziehen ist. Zwar kann man dies nicht gerade einen Part in einem „kleinen" Film nennen, aber im Sommer 2000 war er dann tatsächlich auch in Deutschland im

Kino zu sehen. In dem Remake von William Castles **THE HOUSE ON HAUNTED HILL** mit Vincent Price aus dem Jahr 1958. Der Streifen schildert die Bemühungen einiger Partygäste, am Leben zu bleiben, nachdem sie sich bereit erklärt haben, für eine Million Dollar eines exzentrischen Vergnügungsparkbesitzers eine Nacht in einer ehemaligen Irrenanstalt zu verbringen. Der wird nun gespielt von Oscar-Preisträger Geoffrey Rush, der eigentliche Grund für Marsters Zusage an die Produzenten von **HAUNTED HILL**, wie er behauptet, denn mit

diesem Idol wollte er schon immer einmal gemeinsam vor der Kamera stehen. Diese Gemeinsamkeit dauert zwar im fertigen Film keineswegs lang, da Marsters nur die Nebenrolle eines Kameramannes ausfüllt, der dem Millionär über das Gelände seines neuen Parks folgt. Aber drei Tage Arbeit in einem Aufzug zusammen mit einem Schauspieler, der bereits einen Academy Award (Oscar) sein Eigen nennen darf, lohnen sich in jedem Fall. Auch in einem zweiten Film ist James zu sehen gewesen, einer weniger aufwendigen Produktion mit dem Titel **WINDING ROADS**. Etwas, das seine hochgesteckten Erwartungen an seine Schauspielkunst wirklich befriedigen konnte, hat man ihm vonseiten der Filmproduzenten und Autoren jedoch noch nicht angeboten. Vielleicht wird sich das ändern, sollte an den Gerüchten, dass James die Rolle des Clayface im nächsten **BATMAN** Film bekommt, etwas dran sein.

Trotzdem - zu viele Verpflichtungen halten ihn momentan davon ab, ein bisschen auszuspannen oder seinen anderen Interessen nachzugehen, an deren erster Stelle das Schreiben steht. Hätte er etwas mehr Freizeit, würde er nur zu gerne die Abende mit Freunden oder seiner Familie verbringen, selbstverständlich auch mit seiner festen Freundin Liz Stauber, mit der er zusammenlebt und die wie er Schauspielerin ist. So kommt er nur selten dazu an seinem Auto zu arbeiten, einem 1965er Ford Mustang, schwarz, mit schwarzem Interieur und schwarzem Verdeck, von dem er stets mit der größten Begeisterung zu sprechen weiß. Das Schreiben muss zuweilen also zurückstehen, obwohl er neben all seinen Aktivitäten, seiner Arbeit bei **BUFFY**, seinen (viel zu seltenen) Filmengagements von einem eigenen Projekt träumt, das sich bereis in der Vorbereitungsphase befindet. Denn während er noch in Chicago und Seattle auf der Bühne stand, entdeckte er seine Leidenschaft für ein Drama, in dem er schon zweimal die Hauptrolle spielen durfte - Shakespeares **MACBETH**. Und da er der Meinung ist, seit fünfundzwanzig Jahren habe es von diesem Stück keine sehenswerte und anspruchsvolle Verfilmung mehr gegeben (hier bezieht er sich wohl auf den von Roman Polanski inszenierten Streifen von 1971), ist ihm sein Schreibtisch zum liebsten Aufenthaltsort geworden, an dem er an seiner Adaption des Stoffs für die Leinwand feilen kann. Mit seiner Freundin Liz voraussichtlich in der Rolle der Lady Macbeth, wartet er nur noch auf jemanden, so versichert James lachend, der dumm genug ist, ihm acht Millionen Dollar für die Realisierung seines Projekts zu geben. Dass er an Shakespeare Gefallen findet, dass er in weiten Bereichen sein Hauptinteresse findet, beweist die Liste der Filme der letzten Jahre, die er am meisten bewundert, unter ihnen **RICHARD III.** mit Ian McKellan, die Bearbeitungen von Kenneth Brannagh **(HENRY V., VIEL LÄRM UM NICHTS, HAMLET, VERLORENE**

LIEBESMÜH) oder **OTHELLO** mit Lawrence Fishburne. Über **MAC-BETH** aber kann Marsters in jedem Interview mit leuchtenden Augen endlos referieren, ihn interpretieren und seine Sichtweise der Figur darlegen, so ausufernd, dass sich der Zuhörer unwillkürlich fragt, ob nicht ein wenig dieses Charakters in das Rollenverständnis von Spike mit eingeflossen sein mag. Denn letzten Endes handelt es sich bei beiden, bei William dem Blutigen und Macbeth, dem nicht minder blutigen, um gewissenlose, aber charismatische Verbrecher, die zu ihrem Vorteil niemals davor zurückschrecken, andere zu opfern; und beiden wohnt auch eine gewisse Tragik inne, das Wissen um die eigene Hoffnungslosigkeit und das Ausgestoßensein, die reiche wenn auch zerrissene Gefühlswelt, die sie zu tragischen Helden macht.

Ein anderes Projekt hat James Marsters bereits verwirklicht; er schrieb einen Comic mit dem Titel „Spike und Dru", natürlich angelehnt an Handlung und Charaktere der **BUFFY** Serie, der die Abenteuer von Amerikas beliebtestem Vampir-Liebespaar und ihren Weg durch eine emotionale Hölle und ebenso durch Osteuropa schildert.

Am liebsten spricht James über diese und ähnliche Pläne, das Filmen und das Schreiben stehen zweifellos im Mittelpunkt seines Interesses - sieht man von Liz und der Corvette im privaten Bereich einmal ab. Das heißt aber keineswegs, dass er nur auf der Bühne und als Schauspieler Erfahrung vorweisen kann, sondern bestenfalls, dass er sich nicht berufen fühlt, Ratschläge zu geben oder Geschichten aus seinem Leben preiszugeben. Angesprochen auf seine weniger angenehmen Erfahrungen, gibt er lediglich zu, er habe seine rauhen Jahre gehabt, er sei jetzt viel ruhiger geworden, aber es habe eine Phase gegeben, in der er viel mehr Zeit in Notaufnahmen von Krankenhäusern oder auf Polizeiwachen verbracht habe als jetzt. Nur zögerlich will er über seine Auseinandersetzung mit einem Bewaffneten in Harlem berichten, den er, als dieser ein Messer zog, nach einer wilden Flucht mit einer Vierkantstange zu Boden streckte. Es kommt einer Lebensweisheit am nächsten, was er als Verhaltensregel entdeckte, nachdem er als Kind beim Spielen einen Unfall erlitt: In der fünften Klasse schlitzte er sich an den scharfen Kanten eines Sprinklerkopfs das Bein auf, was ihn für ein ganzes Jahr bettlägerig und eine Hauttransplantation notwendig machte und ihm schwere Infektionen einhandelte. In dieser Zeit las er Berge von Comics und baute Hunderte von Modellen. Und auf die Dauer entdeckte er, was er augenzwinkernd als Quintessenz seiner Erfahrung bezeichnet: Ich fand heraus, dass man, wenn man nicht jammert, obwohl man zu gewissen Zeiten die Lizenz dazu hat, eine Menge Kekse sammeln kann und vor allem mehr Comichefte und Modellbaukästen.

Filmographie

F i l m e

1999   **Haunted Hill**
(Original: The House On Haunted Hill)
Rolle: Kameramann von Channel 3

1998   **Winding Roads**
Rolle: unbekannt

F e r n s e h e n

2001   **Buffy - Im Bann der Dämonen**
(Original: Buffy The Vampire Slayer)
5. Staffel
Rolle: Spike

Angel
(Original: Angel)
2. Staffel
Rolle: Spike

2000   **Buffy - Im Bann der Dämonen**
(Original: Buffy The Vampire Slayer)
4. Staffel
Rolle in allen Folgen: Spike
Folge: **Der Stein von Amara**
(Original: The Harsh Light Of Day)
Folge: **Wilde Herzen**
(Original: Wild At Heart)
Folge: **Die Initiative**
(Original: The Initiative)
Folge: **Der Geist Quamash**
(Original: Pangs)
Folge: **Mein Wille geschehe**
(Original: Something Blue)
Folge: **Das große Schweigen**
(Original: Hush)
Folge: **Das Opfer der Drei**
(Original: Doomed)
Folge: **Metamorphose**   (Original: A New Man)
Folge: **Sein und Schein**   (Original: The I In Team)

Folge: **Die Kampfmaschine**	(Original: Goodbye, Iowa)
Folge: **Böses Erwachen**	Original: This Year´s Girl)
Folge: **Im Körper des Feindes**	(Original: Who Are You)
Folge: **Jonathan**	(Original: Superstar)
Folge: **Die Unersättlichen**	(Original: Where The Wild Things Are)
Folge: **Abschiede**	(Original: New Moon Rising)
Folge: **The Yoko Factor**	(Original: The Yoko Factor)
Folge: **Das letzte Gefecht**	(Original: Primeval)
Folge: **Jedem sein Alptraum**	(Original: Restless)

Angel
(Original: Angel)
1. Staffel
Folge: **In The Dark**   Rolle: Spike

1999   **Buffy - Im Bann der Dämonen**
(Original: Buffy The Vampire Slayer)
3. Staffel
Folge: **Liebe und andere Schwierigkeiten**
(Original: Lover´s Walk)   Rolle: Spike

Millennium
(Original: Millennium)
Folge: **Collateral Damage**   Rolle: Swan

1998   **Buffy - Im Bann der Dämonen**
(Original: Buffy The Vampire Slayer)
2. Staffel
Rolle in allen Folgen: Spike

Folge: **Elternabend mit Hindernissen**	(Original: School Hard)
Folge: **Die Nacht der Verwandlung**	(Original: Halloween)
Folge: **Todessehnsucht**	(Original: Lie To Me)
Folge: **Die Rivalin**	(Original: What My Line? Part 1)
Folge: **Das Ritual**	(Original: What My Line? Part 2)
Folge: **Der Fluch der Zigeuner**	(Original: Surprise)
Folge: **Der gefallene Engel**	(Original: Innocence)
Folge: **Der Liebeszauber**	(Original: Bewitched, Bothered And Bewildered)
Folge: **Das Jenseits lässt grüßen**	(Original: Passion)
Folge: **Ein Dämon namens Liebe**	(Original: I Only Have Eyes For You)
Folge: **Wendepunkte**	(Original: Becoming, Part 1)

Folge: **Spiel mit dem Feuer** (Original: Becoming, Part 2)

Hollywood Squares Rolle: unbekannt

1996 **Moloney** Rolle: Billy O´Hara

1995 **Medicine Ball** Rolle: unbekannt

1993 **Ausgerechnet Alaska**
(Original: Northern Exposure)
Folge: **Die Sippschaft**
(Original: Grosse Pointe) Rolle: Reverend Harding
Folge: **Wer schläft, sündigt nicht**
(Original: It Happened In Juneau) Rolle: Bellhop

Jenny Calendar stammte von einer sehr alten rumänischen Zigeunersippe ab und hieß in Wahrheit Janna Kalderash. Sie hatte den Auftrag, Angel im Auge zu behalten, der vor vielen Jahren von eben jener Zigeunersippe mit einem Fluch belegt wurde, aus der Janna/Jenny abstammte. Das Oberhaupt der Zigeuner hatte Janna, kurz nach dem Angel von New York nach Sunnydale ging, mit einer Art Wächterauftrag hinterher geschickt. Janna ließ sich daraufhin als Jenny Calendar an der Sunnydale High School als Computerlehrerin anstellen. Aber die Dinge entwickelten sich zunächst anders als geplant. Zuerst unterstütze sie Buffy und ihre Freunde im Kampf gegen den Dämon Moloch, der sich nach dem Scanvorgang eines Buches plötzlich in einem Computersystem befand und dort Unheil anrichtete. Jenny war eine moderne attraktive Frau, die sich wie ihre Schüler kleidete und bei ihnen sehr schnell beliebt wurde. Ebenso schnell bewies Jenny, dass Geister und Dämonen nichts besonderes für sie waren. Ihr Auftauchen hatte besonders für Rupert Giles einen angenehmen Nebeneffekt. Die attraktive Computerexpertin und der Bücherwurm kamen sich näher und entdeckten sogar ihre Liebe füreinander. Ihre Beziehung wurde jedoch auf eine harte Probe gestellt, als der Dämon Eyghon von Jenny Besitz ergriff und sie beinah getötet hätte, um sich damit an Giles für einen Vorfall aus seiner Jugend zu rächen. Nach einer längeren Zeit gegenseitiger Distanz fanden Jenny und Rupert jedoch wieder zusammen. Als Angel seine Seele verlor, stellte sich heraus, weshalb Jenny wirklich in Sunnydale war. Sie hatte bei ihrer Aufgabe versagt und nicht verhindern können, dass der Fluch mit dem Angel von den Zigeunern belegt worden war, brach. Angel hatte mit Buffy einen Moment des wahren Glücks erlebt und dafür seine Seele verloren, die sein dämonisches Ich am Ausbruch gehindert hatte. Während sie sich sowohl Buffys als auch Giles Zorn einfing, gelang es Jenny in mühsamer Kleinarbeit das Ritual zur Wiederherstellung der Seele bei Angel zu entschlüsseln, aber konnte es nicht mehr ausführen. Angel stellt Jenny Calendar in der Sunnydale High School und bricht ihr das Genick, um zu verhindern, dass er wieder eine Seele bekommt. Mit Jenny starb auch die Hoffnung, Angel wieder zurückzuverwandeln.

Gespielt wird Jenny Calendar von der aufregenden Robia LaMorte, die ihr genaues Geburtsdatum bis heute geheim gehalten hat. Sie wurde als Robia Brett La Morte im Stadtteil Queens in New York/USA geboren. Aufgewachsen ist sie dort allerdings nicht, denn ihre Mutter war eine Art moderner Nomade, der es an keinem Ort lange aushielt. So

kam sie schon als Kind sehr viel herum und hatte bis zu ihrem 14. Lebensjahr bereits in Aspen/Colorado, Maryland und Florida gelebt, bevor sie dann mit ihrem Vater nach Westport/Connecticut ging.

Robia wurde katholisch erzogen. Sie konnte sich aber anfangs nicht mit diesem Glauben identifizieren und erbat eine Antwort von Gott, die sie auch bekam. Erst danach praktizierte sie ihren Glauben aus voller Überzeugung.

Im Alter von 12 Jahren begann Robia sich für das Tanzen zu begeistern und entwickelte sich in den folgenden Jahren zu einer erstaunlichen guten Tänzerin in den Sparten Jazz, Tap und Ballet. Ihr Können bescherte ihr bereits mit 16 Jahren einen professionellen Auftritt. Sie wirkte in einem Musikvideo von Debbie Gibson mit, das für den Song **SHAKE YOUR LOVE** aufgenommen wurde.

Zu diesem Zeitpunkt lebte Robia in Südkalifornien und entschloss sich die Schule hinter sich zu lassen. Sie wollte Karriere als Tänzerin machen, obwohl ihre schulischen Leistungen sehr gut waren. Sie perfektionierte ihr tänzerisches Können an der Los Angeles School of Performing Arts und der Dupree Dance Academy weiter, bevor sie dann durch die Welt tourte.

Während dieser Zeit hatte sie an mehr als 30 Musikvideos als Tänzerin mitgearbeitet und war Model bei Modeschauen. Der Durchbruch gelang ihr 1991, als sie den Musiker Prince traf. Er war auf der Suche nach einer ausgezeichneten Tänzerin für ein Video zu seinem Song **CREAM**. Und in der Tat war der eigenwillige Künstler von Robia sichtlich angetan. Sie erhielt nicht nur den Job als Tänzerin, sondern wurde auch in den regulären Stab von Prince aufgenommen. Zusammen mit der Tänzerin Lori Elle trat sie später als **DIAMOND & PEARL** auf, wobei Robia die Rolle der Pearl übernahm. Das Album (Robia ist mit Prince auf dem Titelcover zu sehen) wurde ein Riesenerfolg und zog sogar ein eigenes Video nach sich, dass unter dem Titel **PRINCE AND THE NEW POWER GENERATION: GETT OFF** ein Verkaufsschlager wurde. Robia spielte darin an der Seite von Lori Elle (Diamond) und Prince (Prince) die Rolle der Pearl. In den folgenden zwei Jahren tourte Robia LaMorte mit Prince durch die Welt und drehte noch weitere Videos mit ihm, unter anderem **STROLLIN** und **SEXY MF**. Während dieser Zeit schrieb Robia LaMorte unter dem Titel **51 HOURS** auch einen Song für ein Prince Album, der jedoch nicht veröffentlicht wurde. Sie fungierte auch eine kurze Zeit als offizielle Sprecherin von Prince, als der sich entschieden hatte, nicht mehr der Öffentlichkeit zu sprechen.

Mit 22 Jahren war Robia des vielen Reisens müde und entschied sich, etwas vollkommen anderes zu machen. Die Entscheidung fiel auf die Schauspielerei. Kurz nachdem sie begonnen hatte Unterricht zu nehmen, erhielt sie auch schon kleinere Rollenangebote. Zuerst besetzte man sie aufgrund ihres Backgrounds noch als Tänzerin ohne Nennung in der Besetzungsliste, aber es war ein Anfang. 1993 wurde Robia für zwei Folgen der Teenie Serie **BEVERLY HILLS 90210** verpflichtet, die ihr auch einen Credit in der Besetzungsliste einbrachten. Von da an ging es dann aufwärts und 1994 folgte ihr Kinodebüt mit dem Film **THE PROS & CONS OF BREATHING**. Bis 1996 war sie dann ausschließlich mit Fernseharbeit beschäftigt, unter anderem als Gaststar in der Serie **PALM BEACH DUO (Originaltitel: SILK STALKINGS)**, bevor sie dann 1997 ihr bisher arbeitsreichstes Jahr in angriff nahm. Bevor sie in diesem Jahr für **BUFFY** gecastet wurde spielte sie in dem Pilotfilm der Serie **LAWLESS** an der Seite von Brian Bosworth und in dem Kinofilm **SPAWN**. Ursprünglich war die Rolle der Jenny Calendar in **BUFFY - IM BANN DER DÄMONEN (Originaltitel: BUFFY THE VAMPIRE SLAYER)** nur als einmalige Gastrolle gedacht gewesen. Joss Whedon war jedoch so sehr von ihrer Arbeit beeindruckt und auch von der Chemie zwischen Robia und Anthony Head, dass er ihre Rolle weiter ausbaute. Aus einem Auftritt wurden letztendlich 14 Folgen mit Jenny Calendar. Robia fand die Rolle der Jenny Calendar großartig, weil der Charakter lustig, sarkastisch, sexy und vor allem klug war. Und es war leicht für Robia LaMorte einem solchen Angebot zuzustimmen, denn die Drehbücher für **BUFFY** waren wirklich gut. Die Mitarbeit an **BUFFY** war in ihrer Laufbahn als Schauspielerin die bisher größte Herausforderung und hat ihr mehr Bekanntheit eingebracht, als jede andere Arbeit zuvor. Ausgenommen vielleicht nur ihre Arbeit als Tänzerin mit Prince.

Jenny Calendar war eine Rolle, von der Robia immer geträumt hatte. In ihrer Kindheit liebte sie es Schule zu spielen. Ihre Schüler waren damals zwar nur Tiere, aber sie nahm ihre Arbeit als „Lehrerin" sehr ernst. Die kleine Robia schrieb mit Hand Prüfungen für ihre Schützlinge, vervielfältige diese dann mit Kohlepapier und legte sie ihren Tier-Schülern vor. Dann ging sie wieder herum und schrieb für jedes Tier den Test. Ihre Lieblingstiere bekamen natürlich die besten Noten. Ihr Traumberuf während dieser Zeit war der Beruf des Lehrers. Als sie älter wurde und selbst zur Schule gehen musste, fand sie es nicht mehr so lustig. In **BUFFY** konnte sie sich dann damit einen Jugendtraum erfüllen und einmal wirklich als Lehrerin eine Klasse unterrichten. Aber im Gegensatz zu Jenny Calendar ist Robia was Computer betrifft noch ein regelrechter Anfänger.

Neben der Arbeit im Film- und Fernsehbereich hat Robia LaMorte in einer Vielzahl von unterschiedlichen Werbespots mitgewirkt, wie zum Beispiel für The GAP, GE, Tribe Parfüm, Budweiser, den Autohersteller Mitsubishi (hier kann man sie auch italienisch sprechen hören), die

Kosmetikfirma Oil of Olay und die Fast Food Kette McDonalds. Ebenso wie seinerzeit Anthony Stewart Head verdient sie damit ausreichend Geld, um nicht ständig auf die Suche nach neuen Rollen gehen zu müssen. Außerdem hat sie, wie zahlreiche berühmte Kollegen vor ihr, auch an der Umsetzung eines Computer Videospiels - **FOX HUNT** - mitgewirkt. Nach dem Ende bei **BUFFY**, sehr zum Leidwesen ihrer zahlreichen Fans, hat sich Robia 1999 wieder an eine neue Serie herangewagt. Die von Warner Bros. Network produzierte Serie **RESCUE 77**, in der sie die Rolle der Krankenschwester Megan Cates spielte. Die Serie spielt im Milieu der Lebensrettung und zeigt das Leben von vier

Menschen, die ihr Leben dem Einsatz zur Rettung von Menschen gewidmet haben. Trotz Mitwirkung von Richard Roundtree **(SHAFT)** konnte der Erfolgsproduzent Aaron Spelling die Serie nicht zum Quotenerfolg machen und man stellte sie bereits nach der 1. Staffel und 8 abgedrehten Folgen wieder ein. Aber es war für Robia kein schmerzlicher Verlust, da sie ohnehin nicht zur Stammbesetzung der Serie gehörte. Gleich danach stürzte sie sich wieder in die Filmarbeit und wirkte in den Filmen **CHICKS MAN** und **12 STOPS ON THE ROAD TO NOWHERE** mit. Außerdem trat sie 1999 auch zum ersten Mal in einem Theaterstück auf. **SUNSET NORMANDY** hieß das am The Saint Ambrose Theater in Fairfax/West Hollywood aufgeführte Stück, in dem Robia eine Nebenrolle spielte.

Filmographie

Filme

1999   **12 Stops On The Road To Nowhere**
(Original: 12 Stops On The Road To Nowhere)
Rolle: Jenny

1999   **Chicks Man**
(Original: Chicks Man)
Rolle: unbekannt

1998   **Deidre´s Party**
(Original: Deidre´s Party)
Rolle: unbekannt

1997   **Spawn**
(Original: Spawn)
Rolle: XNN Reporterin

1994   **The Pros & Cons Of Breathing**
(Original: The Pros & Cons Of Breathing)
Rolle: Mona

1989   **Mein Liebhaber vom anderen Stern**
auch Zebo, der Dritte aus der Sternenmitte
(Original: Earth Girls Are Easy)   Rolle: Tänzerin

Fernsehen

1999   **Rettungsteam 77 (ausgestrahlt bei Premiere World)**
(Original: Rescue 77)
1.Staffel
Rolle in allen Folgen: Megan Cates
Die Paramedics (Pilotfilm)
Folge: **Im Kreuzfeuer**   (Original: Career Day)
Folge: **Tödliche Hochzeitsreise**   (Original: The Wedding)
Folge: **Der Feuerteufel - Teil 1**   (Original: Remember Me, Part 1)
Folge: **Der Feuerteufel - Teil 2**   (Original: Remember Me, Part 2)
Folge: **Tunnel Trauma**   (Original: Tunnel Vision)
Folge: **Der Hauch des Todes**   (Original: Mustard Gas, Hold The Mayo)

Time Of Your Life   (Original: Time Of Your Life)

1. Staffel

Folge: **The Time The Millennium Approached**

(Original: The Time The Millennium Approached)   Rolle: Angela

Pretender   (Original: The Pretender)

3. Staffel

Folge: **Countdown**

(Original: Countdown)   Rolle: Gefängnisdirektorin

Buffy - Im Bann der Dämonen   (Original: Buffy The Vampire Slayer)

3. Staffel

Folge: **Heimsuchungen**

(Original: Amends)   Rolle: Jenny Calendar

Palm Beach Duo   (Original: Silk Stalkings)

8.Staffel

Folge: **Do You Believe In Magic?**

(Original: Do You Believe In Magic?)   Rolle: Veronique Collins

1998   **Buffy - Im Bann der Dämonen**   (Original: Buffy The Vampire Slayer)

2. Staffel

Rolle in allen Folgen: Jenny Calendar

Folge: **Im Bann des Bösen**   (Original: When She Was Bad)

Folge: **Operation Cordelia**   (Original: Some Assembly Required)

Folge: **Elternabend mit Hindernissen**   (Original: School Hard)

Folge: **Todessehnsucht**   (Original: Lie To Me)

Folge: **Das Mal des Eyghon**   (Original: The Dark Age)

Folge: **Ted**   (Original: Ted)

Folge: **Der Fluch der Zigeuner**   (Original: Surprise)

Folge: **Der gefallene Engel**   (Original: Innocence)

Folge: **Der Liebeszauber**   (Original: Bewitched, Bothered And Bewildered)

Folge: **Das Jenseits lässt grüßen**   (Original: Passion)

Folge: **Wendepunkte**   (Original: Becoming, Part 1)

Der Sentinel   (Original: The Sentinel)

3. Staffel

Folge: **Im engsten Familienkreis**

(Original: The Inside Man)   Rolle: Erika Lazar

1997   **Lawless**

(Original: Lawless)

Pilotfilm zur Serie   Rolle: unbekannt

Buffy - Im Bann der Dämonen   (Original: Buffy The Vampire Slayer)
1. Staffel
Rolle in allen Folgen: Jenny Calendar
Folge: **Computerdämon**   (Original: I, Robot - You, Jane)
Folge: **Das Ende der Welt**   (Original: Prophecy Girl)

1995   **Palm Beach Duo**   (Original: Silk Stalkings)
4. Staffel
Folge: **Familienbande**
(Original: Brother´s Keeper)   Rolle: Denise

1993   **Beverly Hills 90210**   (Original: Beverly Hills 90210)
4. Staffel
Folge: **Schwerer Abschied und Neuanfang**
(Original: So Long, Farewell, Auf Wiedersehen, Goodbye) Rolle: Jill Fleming
Folge: **Das Mädchen aus New York**
(Original: The Girl From New York)   Rolle: Jill Fleming

1991   **Der Klan der Vampire**
(Original: Blood Ties)   Rolle: Tänzerin

The Mistress
(Original: The Mistress)   Rolle: unbekannt

Santa Barbara
(Original: Santa Barbara)   Rolle: unbekannt

V i d e o s   /   S p i e l e   (A u s w a h l)

1996   **Fox Hunt (Video Spiel)**
(Original: Fox Hunt)   Rolle: Lisa Gilroy

1991   **Gett Off (Musikvideo / Prince)**   Rolle: Pearl

Diamonds and Pearl (Musikvideo / Prince)   Rolle: Pearl

Cream (Musikvideo / Prince)   Rolle: Pearl

Strollin (Musikvideo / Prince)   Rolle: Pearl

o.A.   **Shake Your Love (Musikvideo / Debbie Gibson)**

Drusilla, von allen nur Dru genannt, wollte in ihrer Jugend Nonne werden und wurde Ende des 19. Jahrhunderts ein Geschöpf von Angelus. Er war dieser reinen und schönen Frau verfallen, und als er sie nicht besitzen konnte, setzte er dem Leben von Drusilla auf brutalste Weise ein Ende. Zuerst tötete er in einem Anfall von Wahn ihre gesamte Familie, bevor er sie dann zu seinesgleichen machte - einem Vampir. Angelus hatte sich auch das Vergnügen gegönnt, Dru vor ihrem menschlichen Exodus in den Wahnsinn zu treiben. Eine „Krankheit", die ihr auch im Vampirdasein noch unverkennbar anhaftet. Eine weitere Eigenschaft, über die Drusilla verfügt, ist ihre Fähigkeit Dinge zu hören und sehen, die bei anderen Personen nicht im Wahrnehmungsbereich liegen. Das macht sie zu einem besonders gefährlichen Vertreter der Vampirgattung. Zusammen mit ihrem Freund Spike kam sie von Prag aus nach Sunnydale. Dort hatte es Zusammenstöße mit Sterblichen gegeben, die ihr schwer zugesetzt und ihre Kräfte verzehrt hatten. Als sie in Sunnydale ankam, war sie schwach und zerbrechlich. Hier traf Dru auch wieder auf Angelus, an den sie keine gute Erinnerung hatte, und der sich jetzt Angel nannte. Ausgerechnet er war es dann auch, den sie zur Heilung benötigte. Dank seines Blutes kam sie wieder zu diabolischen Kräften. Danach führte Dru zusammen mit ihrem Geliebten Spike eine Schreckensherrschaft in Sunnydale, unter der nicht nur eigene Gefolgsleute getötet wurden, sondern auch die Vampirjägerin Kendra. Als Angel seine Seele verlor und wieder zu einem gewissenlosen Diener des Bösen wurde, erwachten in ihm die alten Gefühle für Dru und er begann sie erneut zu umgarnen. Eine Tatsache, die Spike überhaupt nicht gefiel. Als sich die Ereignisse mit Angel überschlugen, floh Spike mit einer besinnungslosen Drusilla aus Sunnydale, um irgendwo anders ein neues Leben zu beginnen. Aber Dru hatte inzwischen einen höllischen Geschmack an allem Bösen entwickelt und trennte sich von Spike, der ihr zu „zahm" geworden war.

Gespielt wird Drusilla von der Schauspielerin Juliet Landau. Sie wurde am 30. März 1971 in Los Angeles, Kalifornien/USA als jüngstes Kind der Familie Landau geboren. Ihre Eltern sind die bekannten Schauspieler Martin Landau und Barbara Bain, die vor allem durch die Science Fiction Serie **MONDBASIS ALPHA 1** bekannt wurden. Zur Familie gehört noch die ältere Schwester Susan Landau, die heute eine erfolgreiche Produzentin ist und den Film **DRACULA** von Francis Ford Coppola produzierte. Über seine Töchter sagte Vater Martin Landau einmal, dass sie die nettesten Menschen sind, die er jemals kennengelernt hat.

Juliet ist durch den Beruf ihrer Eltern praktisch im Showbusiness aufgewachsen. Da war es nicht verwunderlich, dass sie sich eines Tages auch eine Tätigkeit in diesem Metier suchte. Als Kind berühmter Eltern, die ständig auf Filmsets in den USA und der restlichen Welt unterwegs waren, hatte es Juliet in ihrer Kindheit schwer, ihre Eltern längere Zeit zu sehen. Außerdem wurde großer Wert auf ihre Erziehung und Ausbildung gelegt. Um ihr die optimalsten Startchancen ins Leben zu ermöglichen, schickten sie ihre Eltern vier Jahre lang auf die American School in London, wo sie eine klassische Ballett

© CHRISTINA RADISH

Ausbildung erhielt. Ihre Fähigkeiten waren schließlich so gut, dass sie später sogar mit dem Southern California Ballett und der Los Angeles Dance Company auf Tournee ging. Neben dem Tanzen, was auch heute noch eine große Leidenschaft von Juliet ist, übernahm sie hin und wieder die Aufgabe einer Choreographin. Nach ihrer Rückkehr in die USA ging Juliet auf die North Carolina School for Performing Arts, an der sie auch ihren Abschluss in Kunst machte.

Nachdem sie fünf Jahre lang ihre Fähigkeiten auf dem Tanzboden mehrfach eindrucksvoll bewiesen hatte, entwickelte Juliet eine Leidenschaft für die Schauspielerei. Ihre Eltern versuchten ihr das Vorhaben zuerst auszureden, wurden dann aber zur großen Stütze, als sie merkten, dass es ihrer Tochter damit ernst war. Obwohl ihre Eltern hervorragende Schauspieler sind, ihr Vater gewann 1994 den Oscar für die beste Nebenrolle in **ED WOOD**, wollte Juliet eine Schauspielschule besuchen. Ihre Studien absolvierte sie am weltberühmten Actors Studio und begann danach für Rollen vorzusprechen.

Juliet Landau sammelte in ihrem neuen Beruf zuerst am Theater Erfahrungen. Sie stand in Stücken wie **UNCOMMON WOMEN, THE PUSHCART PEDDLERS, BILLY IRISH und WE`RE TALKING TODAY HERE** auf der Bühne und konnte damit ihre Fähigkeiten weiter verfeinern. Außerdem bot die Theaterarbeit auch die Möglichkeit, sich auf mögliche Film- und Fernseharbeiten vorzubereiten, denn diese Arbeit erfordert weitaus mehr Fertigkeiten, als die Arbeit vor einer Kamera. Auf der Bühne vor Livepublikum muss im Bedarfsfall improvisiert werden und man lernt an seine eigenen Leistungsgrenzen zu gehen.

Ihre Theaterarbeit machte dann auch schließlich den Regisseur Stephen Frears auf sie aufmerksam. Er besetzte sie 1990 für seinen Film **THE GRIFTERS**. Juliet spielte in diesem Film die Rolle der jungen Lilly Dillon, die in der Hauptrolle von Anjelica Huston dargestellt wurde. Obwohl es für die kurze Darstellung keine Nennung in der Besetzungsliste gab, hatte Juliet Landau damit ihren Einstieg in die Filmbranche geschafft. In ihrem nächsten Film spielte sie 1991 an der Seite von Christian Slater und Samantha Mathis in **HART AUF SENDUNG (Originaltitel: PUMP UP THE VOLUME)** und im gleichen Jahr trat sie zum ersten Mal in einer Fernsehserie auf. In der 2. Staffel der beliebten US-Serie **PARKER LEWIS** gab Juliet unter der Regie von Robert Bowman in der Folge **IM TAUMMEL DER LIEBE** ihr Fernsehdebüt. Sie sollte erst 1997 wieder in einer Fernsehrolle auftauchen.

Der Anfang im Showbusiness war gemacht und nach den kleineren Rollen bekam Juliet Landau schon bald auch größere und tragendere Rollen angeboten. Nach dem Film **NEON CITY**, den sie 1992 an der Seite von Michael Ironside und Vanity drehte, kam 1994 dann die bisher größte Herausforderung. In dem Tim Burton Film **ED WOOD** spielte sie an der Seite ihres berühmten Vaters Martin Landau und zeigte als Loretta King eine eindrucksvolle Leistung. **ED WOOD** wurde dank Regisseur Tim Burton ein Kassenhit und Juliet damit nun auch einem größeren Publikum bekannt. Der Erfolg bei der Oscarverleihung gab dem Film noch einen weiteren Schub, wobei Juliets Vater den Oscar für die beste männliche Nebenrolle (Darstellung des Bela Lugosi) erhielt. Sie bezeichnet diesen Film auch als ihre bisher beste Erfahrung im Filmgeschäft und schwärmt noch heute von der unglaublichen Meisterleistung ihres Vaters.

Im gleichen Jahr trat sie in einer Produktion der PM Entertainment Group, die sich vor allem durch billig produzierte Actionfilme einen Namen gemacht hat, an der Seite von William Forsythe und George Segal in **DIRECT HIT** auf.

Die Karriere von Juliet Landau entwickelte sich in den folgenden Jahren langsam, aber stetig weiter. Sie war hauptsächlich mit Filmarbeiten beschäftigen, wobei sie unter anderem 1995 mit Whoopi Goldberg für **T. REX** und 1997 mit einem zukünftigen **BUFFY**-Kollegen (nämlich Robin Sachs alias Ethan Rayne) in dem Science Fiction Schocker **RAVAGER - DIE VIRUSFALLE** vor der Kamera stand. Und das Jahr 1997 war dann auch ausschlaggebend für ihre weitere Karriere, denn es war das Entstehungsjahr der Serie **BUFFY - IM BANN DER DÄMONEN (Originaltitel: BUFFY THE VAMPIRE SLAYER)**. Mit dieser Serie sollte Juliet Landau dann ihren endgültigen Durchbruch erlangen.

Joss Whedon, der Produzent von **BUFFY**, hatte Juliet in **ED WOOD** gesehen. Er war angetan von ihrer Präsenz als Schauspielerin und nahm Kontakt mit ihrem Agenten auf. Whedon hatte seit längerem zwei neue Figuren für seine Serie **BUFFY** im Kopf - Spike und Drusilla. Bei einem anschließenden Treffen mit den Produzenten Whedon, Berman und Greenwalt, brüteten sie schon einige Ideen aus. Juliet hat zuvor einiges über Drusilla gelesen und wusste schon genau, wie man sie darstellen könnte. Und ihre Vorstellung traf genau den Nerv der Verantwortlichen, so dass Juliet Landau die Rolle der Drusilla in **BUFFY** erhielt. Sie hatte auch den richtigen Akzent für Dru, die ursprünglich aus England stammt, wobei der England Aufenthalt in ihrer Jugend hilfreich gewesen war. Anschließend wurde Juliet mit den drei potentiellen Darstellern des Spike getestet, wobei James Marsters der perfekte Gegenpart für Dru/Juliet war.

Juliet empfand die Rolle der Drusilla als Herausforderung und gibt zu, dass sie auch die Bösartigkeit des Charakters gereizt hat. Sie liebte es, einmal den Bösen zu spielen. Es ist wirklich eine kreative Rolle gewesen und Joss Whedon sorgte mit seinen hervorragenden Storys dafür, dass Drusilla eine grazile Gratwanderung in der Serie beging und

damit den Kohorten des Bösen eine neue, gefährliche Dimension einhauchte. Die Kombination Spike und Drusilla kam auch beim Publikum hervorragend an. Besonders Spike spielte sich mit seiner unnachahmlichen Art in die Herzen der Zuschauer. Während Spike auch weiterhin in der Serie **BUFFY** und dem Spin-Off **ANGEL** auftauchen wird, hat Drusilla mit der Folge **SPIEL MIT DEM FEUER (Originaltitel: Becoming, Part 2)** die Serie in der 2. Staffel wieder verlassen. Ob sie wiederkehren wird, bleibt abzuwarten.

Juliet Landau ist ein Workaholic. Sie verbringt so viel Zeit wie möglich mit dem Lesen von Drehbüchern. Hat sie sich einmal für eine Rolle entschieden, beginnt sie an ihrem Charakter zu arbeiten, bis sie eins mit ihm geworden ist. In ihrer Freizeit geht sie gerne zum Tanzen und hält sich als gesundheitsbewusste Frau mit Gymnastik fit.

Die Popularität, die mit **BUFFY** einsetzte, gefällt ihr. Sie findet es auch erstaunlich, dass die Serie von so viel verschiedenen Altersgruppen gesehen wird.

Von ihrer Mutter Barbara Bain hat Juliet ein Lebensmotto übernommen, nachdem sie sich immer richtet und das ihr bisher ausgezeichnete Dienste erwiesen hat: „Folge deinen Gefühlen, Instinkten und deiner Intuition."

Filmographie

F i l m e

2000 **Citizens Of Perpetual Indulgence**
(Original: Citizens Of Perpetual Indulgence)
Rolle: Juliet / Zoe

Randoms Acts
(Original: Randoms Acts)
Rolle: Janet

1999 **Carlo´s Wake**
(Original: Carlo´s Wake)
Rolle: Anna Torello

1997 **Ravager - Die Virusfalle**
(Original: Ravager)
Rolle: Sarra

1996 **Thrill Kill**
(Original: Life Among The Canibals)
Rolle: unbekannt

1995 **T Rex**
(Original: Theodore Rex)
Rolle: Dr. Shade

1994 **Ed Wood**
(Original: Ed Wood)
Rolle: Loretta King

Direct Hit - Im Todeskreis der Angst
(Original: Direct Hit)   Rolle: Shelly

1992 **Neon City**
(Original: Neon City)   Rolle: Twink

1991 **Hart auf Sendung**
(Original: Pump Up The Volume)   Rolle: Jon!

1990 **Grifters**
(Original: The Grifters)   Rolle: Lilly im Jugendalter

F e r n s e h e n

1999   **Nikita**
(Original: La Femme Nikita)
3. Staffel
Folge: noch kein deutscher Titel
(Original: Before I Sleep)   Rolle: Jay/Sarah

1998   **Buffy - Im Bann der Dämonen**
(Original: Buffy The Vampire Slayer)
2. Staffel
Rolle in allen Folgen: Drusilla

Folge: **Elternabend mit Hindernissen**	(Original: School Hard)
Folge: **Die Nacht der Verwandlung**	(Original: Halloween)
Folge: **Todessehnsucht**	(Original: Lie To Me)
Folge: **Die Rivalin**	(Original: What My Line?, Part 1)
Folge: **Das Ritual**	(Original: What My Line?, Part 2)
Folge: **Der Fluch der Zigeuner**	(Original: Surprise)
Folge: **Der gefallene Engel**	(Original: Innocene)
Folge: **Der Liebeszauber**	(Original: Bewichted, Bothered And Bewildered)
Folge: **Das Jenseits lässt grüßen)**	(Original: Passion)
Folge: **Ein Dämon namens Liebe**	(Original: I Only Have Eyes For You)
Folge:: **Wendepunkte**	(Original: Becoming, Part 1)
Folge: **Spiel mit dem Feuer**	(Original: Becoming, Part 2)

Millennium
(Original: Millennium)
3. Staffel
Folge: noch kein deutscher Titel
(Forcing The End)   Rolle: Jeanie Bronstein

1997   **Vibe**
(Original: Vibe)   Rolle: Juliet Landau

1991   **Parker Lewis**
(Original: Parker Lewis Can´t Lose)
2. Staffel
Folge: Im Taumel der Liebe
(Original: Dance Of Romance)   Rolle: Lucinda

Elizabeth Anne Allen (Amy Madison)

Amy ist die Tochter der legendären High School Cheerleader Legende und Hexe Catherine Madison. Durch Hexenkräfte erzwang Catherine einen Körpertausch mit ihrer Tochter, der fatale Folgen hatte. Amy interessierte sich ebenfalls für das Okkulte und konnte mit einigen kleineren Hexensprüchen durchaus passable Resultate erzielen. Aber sie hatte jedoch noch bei weitem nicht die Fähigkeiten ihrer Mutter und so ging ein Liebeszauber für Xander gründlich schief. Konnte dieser Ausrutscher noch von Giles wieder ausgebügelt werden, ging ein anderer Zauberspruch auf fatale Weise daneben: Amy verwandelte sich in eine Ratte, ohne an die Folgen zu denken. Seither fristet sie ihr Dasein in der Obhut von Willow Rosenberg, die es bisher nicht geschafft hat, einen Zauber zu finden, der Amy ihre menschliche Gestalt wiedergibt.

Gespielt wird Amy Madison von Elizabeth Anne Allen, die am 18. November - ihr Jahrgang ist unbekannt - in New York geboren wurde. Obwohl sie in den USA in einer Vielzahl von Serien mitwirkte, ist sie hier in Deutschland völlig unbekannt. Elizabeth Anne Allen war bereits zu Beginn an in die Serie **BUFFY** involviert. Wie einige andere Darsteller auch, hatte sie damals für die Rolle der Buffy Summers vorgesprochen. Diese konnte sie damals nicht erringen, wurde aber mit einer anderen Rolle in der Serie bedacht - Amy Madison - und hat seitdem in jeder Staffel in einer Folge mitgewirkt. Berücksichtig ist hierbei jedoch nur ihre menschliche Darstellung, denn ihr Body Double - die Ratte - sah man in einigen Folgen öfters. Auf ihre Rolle in **BUFFY** hatte sie sich gewissenhaft vorbereitet, wollte sie doch eine glaubwürdige Version einer Teenager Hexe abgeben. So unterhielt sie sich neben dem Studium zahlreicher Fachliteratur auch mit einigen echten Hexen, um sich besser in die Thematik hineinzufinden und die optimale Darstellung ihrer Rolle zu gewährleisten. Obwohl sie bisher nur in vier Folgen der Serie zu sehen war, ist Elizabeth zufrieden mit der Entwicklung ihres Charakters. Von dem netten langhaarigen blonden Cheerleader hin zur dunkelhaarigen Gothic Anhängerin. Für sie war es dann auch eine seltsame Erfahrung, sich selbst zum ersten Mal mit dunklen Haaren im Fernsehen zu sehen, da sie von Natur aus eigentlich blond ist. Aber zwischenzeitlich färbt sie sich für die ein oder andere Rolle die Haar des öfteren von braun bis rot. Für ihr Debüt in **BUFFY** musste Elizabeth wieder das Cheerleading trainieren, dass sie seit ihrer High School Zeit nicht mehr ausgeübt hatte, wo sie tatsächlich Cheerleader war. Als Trainingspartner stellte man ihnen die Laker Girls, eine Truppe professioneller Könner, zur Seite, die Elizabeth und die anderen Darsteller hart rannahmen, um sie fit zu machen. In einigen Szenen sprangen die Profis allerdings persönlich ein, was den Einstellungen die nötige Rasanz verlieh.

Elizabeth Anne Allen studierte bei dem Schauspiellehrer Roy London und erhielt auch von Cameron Thor nützliche Tipps für ihre Entwicklung. Sie hat auch eine eigene Art der Vorbereitung auf eine Rolle entwickelt. So schreibt sie zu jedem Charakter, den sie darstellt, eine eigene Hintergrundgeschichte. Es ist wichtig für sie, zu wissen, woher der Charakter kommt und welche Geschichte er hat, um dadurch mehr Tiefgang in die Darstellung der Rolle legen zu können. Darüber hinaus liebt es Elizabeth sich möglichst gründlich vorzubereiten und zu recherchieren, was ihr eine stärkere Rollenbindung ermöglicht.

Die Entscheidung Schauspielerin zu werden traf Elizabeth Anne Allen bereits in jungen Jahren, als sie in zahlreichen Bühnenstücken, unter anderem **ANNIE** und **YOU´RE A GOOD MAN CHARLIE BROWN**, in der Schule und später im örtlichen Theater auftrat. Ihre Mutter war in dieser Zeit eine ausgezeichnete Wegbegleiterin und half ihr in das Showbiz einzutauchen. Auf die Frage, ob sie schon immer Schauspielerin werden wollte, antwortete Elizabeth: „Ich habe es immer schon geliebt zu schauspielern. Es ist für mich eine Quelle der Unterhaltung und es fühlte sich immer gut an. Und ich fühlte mich gut dabei." Aber wie bei anderen Schauspielern auch, gab es in ihrem Werdegang nicht nur die Sonnenseiten. Die Branche schüchtert schwache und sensible Leute sehr schnell ein und man muss wirklich hart kämpfen, um nicht unterzugehen. Trotz der Hilfe ihrer Mutter ist Elizabeth heute stolz darauf, einige Dinge auch aus eigener Kraft geschafft zu haben. So hat sie doch eine Reihe guter Theaterauftritte in New York gehabt. Auftritte am Russel Stage Theater in Stücken wie **FOUR WHO DARED** und **FEELINGS OF THE HUNGRY HEAT**, und am Colonial Theater in dem Stück **DAYS OF WINE AND ROSES**. Ohnehin ist New York eine ausgezeichnete Stadt für eine Theaterkarriere.

Als ihre Familie nach Irland übersiedelte entschloss sich Elizabeth, trotz der Sehnsucht nach ihren Eltern und ihrem Bruder, in den USA zu bleiben.

Nach den üblichen Gastrollen in verschiedenen Serien und einigen unbedeutenden Kinofilmen, konnte sich Elizabeth Anne Allen bald so weit etablieren, dass ihr auch bessere Rollen angeboten wurden und schließlich bekam sie auch eine Rolle in der Serie **BUFFY**.

Im Juli 1999 hatte sie einen zweistündigen Pilotfilm für eine neue geplante Serie mit dem Titel **GREEN SAILS** in Australien abgedreht. Hier spielte sie an der Seite von Ex-Baywatch Star Alexandra Paul in einem Mix aus **DIE FIRMA** und **MISSION IMPOSSIBLE** die Rolle der Carri, die sich vornehmlich um die Ausrüstung und die technischen Spielereien kümmert. Der Film handelt von einer Gruppe von Leuten, die mit allerlei technischen Equipment Menschen ausspionieren und korrupten Geschäften nachgehen. Ob der Pilotfilm letztendlich tatsächlich eine Serie nachzieht, ist noch offen, obwohl es nach wie vor angekündigt wird.

Ein weiteres heißes Eisen hat Elizabeth bei der neuen US-Serie **BULL** aus dem Hause Turner Network Television (TNT) im Feuer. Es ist eine Serie, die sich in 13 Folgen um den Alltag eines Teams von 6 Investment Bankern und Händler von der Wall Street dreht, die ihre eigene Firma gründen. Mit Elizabeth Rohm steht ihr hier eine Darstellerin aus der Serie **ANGEL** beiseite, in der Allen sicher auch bald einen Gastauftritt haben wird.

In Zukunft möchte Elizabeth gehaltvolle Charakterrollen, aber auch einige abgrundböse Personen spielen. In solchen Rollen findet man ihrer Aussage nach mehr Lektionen zum Lernen, als in Heldenrollen und der Reiz ist hier größer. Im Grunde sucht sie aber vordringlich auch nach Rollen, in denen sie eine persönliche Neigung findet. Wichtig bei der Auswahl ist ihr Herz - sagt es ja, nimmt sie die Rolle an oder lehnt ab. Sie ist in ihrer jungen Karriere schon durch eine gute Bandbreite unterschiedlicher Charaktere gewandelt, getreu ihrem Motto: Wenn ich mich gut dabei fühle, mach ich es. Eine weitere Leidenschaft von Elizabeth ist das Schreiben. Zusammen mit einem Freund hat sie ein Drehbuch für einen Film verfasst, nur so zum Spaß und zum Testen, ob sie es wirklich schaffen. Obwohl sie im Grunde tiefgründige Charakterstudien in ihrer Wahl als Schauspielerin bevorzugt, bietet ihr Skript das leider nicht. Trotz dieser Ambition will sie deswegen die Schauspielerei nicht aufgeben. Sie liebt es, vor der Kamera zu stehen und kann sich bis jetzt nicht vorstellen, einmal Regie zu führen. Aber sie liebt das Schreiben und teilt so auch nicht das häufige Argument ihrer Kolleginnen, dass es nicht genug gute Frauenrollen gibt. Sie verweist darauf, einige Charaktere dargestellt zu haben, die wirklich interessant und stark waren. Diese Aussage begründet Elizabeth damit, dass sie sich selbst einen gewissen Rollenstandard gesetzt hat. Im Grunde gibt es nur wenig Drehbücher, die Frauen mit zu wenig Respekt behandeln, ausgenommen vielleicht bei Nacktszenen. Sie selbst würde auch nie nackt vor die Kamera treten. Nicht das sie damit ein Problem hätte, aber sie hat ein Problem mit der Art und Weise, wie das oftmals von Drehbüchern gefordert wird - ohne Bezug auf eine Rolle, sondern nur zum Schauwert.

Durch ihre Arbeit an **BUFFY** hat Elizabeth Anne Allen eine neue Leidenschaft bei sich entdecken können. Seit sie an einer von Warner Bros. organisierten Veranstaltung der **„Make A Wish Foundation"**, die kranken Kindern Wünsche hinsichtlich des Kennenlernen von Stars aus Film und Fernsehen ermöglicht, teilgenommen hat, möchte sie ihren Einsatz für karitative Zwecke weiterhin pflegen und ausweiten.

Und hierzu passt auch das Lebensmotto von Elizabeth: „Ich möchte mich selbst wirklich an etwas binden, woran ich glaube. Es ist nicht so schwer zu entscheiden, was man lieber will oder wem man helfen kann."

Filmographie

Filme

1996	**Silent Lies**
	Rolle: Shelly Saltemeiner
1995	**Illegal in Blue**
	Rolle: Laurie
1995	**Timemaster**
	Rolle: Veronica

Fernsehen

2000	**Bull (TV-Serie)**	
	(Original: Bull)	
	1. Staffel	
	Rolle in allen Folgen: Pam Boyd	
	Folge: **kein dt. Titel**	(Original: In The Course Of Human Events)
	Folge: **kein dt. Titel**	(Original: One Night In Bangkok)
	Folge: **kein dt. Titel**	(Original: How Green Is Your Mail)
	Buffy - Im Bann der Dämonen	(Original: Buffy The Vampire Slayer)
	4. Staffel	
	Folge: **Meine Wille geschehe**	
	(Original: Something Blue)	Rolle: Amy Madison
1999	**Green Sails (Pilotfilm)**	Rolle: Carri
	Buffy - Im Bann der Dämonen	(Original: Buffy The Vampire Slayer)
	3. Staffel	Rolle: Amy Madison
	Folge: **Hänsel und Gretel**	(Original: Gingerbread)

1998	Buffy - Im Bann der Dämonen	(Original: Buffy The Vampire Slayer)
	2. Staffel	Rolle: Amy Madison
	Folge: **Der Liebeszauber**	(Original: Bewitched, Bothered..)

1997	Buffy - Im Bann der Dämonen	(Original: Buffy The Vampire Slayer)
	1. Staffel	Rolle: Amy Madison
	Folge: **Verhext**	(Original: The Witch)
	Palm Beach Duo	(Original: Silk Stalkings)
	7. Staffel	Rolle: Danielle Coe
	Folge: **kein dt. Titel**	(Original: Dirty Little Secrets)

1996	High Tide - Ein cooles Duo	(Original: High Tide)
	2. Staffel	Rolle: Alison
	Folge: **Drohbrief aus dem Jenseits**	(Original: Sins Of The Mother)
	Folge: **Eine bombige Reise**	(Original: Dead Reckoning)
	Renegade - Gnadenlose Jagd	(Original: Renegade)
	4. Staffel	Rolle: unbekannt
	Folge: **Angeklagt**	(Original: No Place Like Home)

1993	Palm Beach Duo	
	(Original: Silk Stalkings)	
	3. Staffel	Rolle: Eddie Flynn
	Folge: **Gefährliche Clique**	(Original: Head N´Tail)

1991	Baywatch - Die Rettungsschwimmer von Malibu	
	(Original: Baywatch)	
	2. Staffel	Rolle: unbekannt
	Folge: **Der Strandpoet**	(Original: The LostTreasure of Tower 12)

Amber Benson (Tara)

Ob sie dunkle Geheimnisse aufzudecken hat oder nicht, es ist klar, dass Tara einer der aufregendsten neuen Charaktere ist, der je in der **BUFFY** Besetzung aufgetaucht ist. Tara taucht zuerst als Mitglied der Sunnydale Wicca Organisation (Hexenvereinigung) auf und versucht den Wunsch von Willow zu unterstützen, dass die Gruppe tatsächlich Zaubersprüche zelebriert. Tara informiert Willow später, dass ihre Mutter eine Hexe war - aber war ihre Mutter eine gute oder böse Hexe? Obwohl sich Tara nach einer gemeinsamen Aktion mit Willow in die Scooby Gang eingliedert, scheint sie ein dunkles Geheimnis zu hüten.

Gespielt wird Tara von der Schauspielerin Amber Benson, die am 8. Januar 1977 als Amber Nicole Benson in Birmingham/Alabama, USA geboren wurde. Ihre Karriere begann Amber bereits im Alter von 6 Jahren und zwar zuerst auf dem Tanzboden.

© CHRISTINA RADISH

Als Kind studierte sie verschiedene Bereiche der darstellenden Künste, unter anderem klassisches Ballet und Gesang. Und mit dieser Fähigkeit trat sie als Tänzerin in dem Stück **NUSS-KNACKER**, einer Produktion der Alabama Ballet Company, zum ersten Mal ins Rampenlicht. Andere Darbietungen folgten, doch schon bald erkannte Amber, dass es nicht das Tanzen war, was sie genoss. Es war die Bühne, die sie magisch anzog und die Fähigkeit, etwas tun zu können, dass dem Publikum gefiel und es in ihren Bann zu ziehen. Amber nahm daraufhin Schau-spiel- und Gesangs-unterricht und engagierte sich im Kindertheater von Birmingham, wo sie unter anderen in dem Stück **SCHNEEWITTCHEN UND DIE 7 ZWERGE** zu bewundern war. Als sie 12 Jahre alt war zog die Familie Benson nach Florida. Dem Verständnis ihrer Mutter, die Ambers Leidenschaft für die Schauspielerei unterstützte, war es zu verdanken, dass man bereits zwei Jahre später wieder die Umzugskartons packte und nach Kalifornien übersiedelte. Und in Los Angeles sollte Amber dann auch ihre ersten Schritte im Filmbusiness machen. Kalifornien bot ihr genau das, was sie suchte: mehr Schauspielarbeit. Es bot aber auch den ständigen Kampf gegen die Vergessenheit und um interessante Rollen. Ihre Mutter hatte damit den Grundstein für ihre Filmkarriere gelegt und sie wollte Amber eine Chance geben, es sich zu beweisen, ob sie wirklich so gut war, wie sie selbst dachte. Doch als fürsorgliche Mutter hatte sie auch einen „Geheimplan" in Reserve. Für den Fall, dass Amber es nicht schaffte, könnte sie immer noch auf das College gehen. Aber der Plan musste nicht aufgegriffen werden, denn die Dinge entwickelten sich gut und Amber hat seither kontinuierlich gearbeitet. Eine Karriere im Show-business kommt einem jedoch nicht zugeflogen, und es brauchte eine Menge Arbeit. Ihre erste Rolle erhielt sie 1993 in dem Film **KÖNIG DER MURMELSPIELER (Originaltitel: King Of The Hill)** unter der Regie von Steven Soderbergh. Eine kleine Nebenrolle, die ihr weitere Auftritte in den Filmen **JACK REED - UNTER MORDVERDACHT (Ori-**

ginaltitel: Jack Reed: Badge Of Honor) und in **DAS BIEST (Original-titel: The Crush)**, neben Alicia Silverstone einbrachten. In den folgenden zwei Jahren schaffte es Amber in bis zu drei Kinofilmen pro Jahr mitzuspielen und kehrte dabei gleich zweimal als Nicole Reed in die Filmserie **JACK REED** zurück. Amber Benson ist sicher eine der wenigen Darsteller aus der Serie **BUFFY**, die bereits früher mit jetzigen Kollegen zusammengearbeitet hat. Mit Seth Green stand sie in **BYE BYE, LOVE (1995)** und **ICH KANN ES KAUM ERWARTEN (1998)** vor der Kamera, und mit Eliza Dushku trat sie in **BYE BYE, LOVE** auf.

Gegen Ende ihrer Teenagerzeit hatte Amber Benson ihre Spuren in vielen Bereichen der Schauspielerei hinterlassen. Im Gegensatz zu ihren Buffy Kollegen hat Amber bisher fast ausschließlich im Filmbereich gearbeitet und **BUFFY** war ihre erste TV-Serien Arbeit.

Im Alter von 18 Jahren konnte Amber bereits auf einige Film- und Fernseharbeiten zurückblicken, doch der große Durchbruch war ihr noch verwehrt geblieben. Trotz ihrer mehrfachen Zusammenarbeit mit Brian Dennehy in den **JACK REED** Filmen, einer Zusammenarbeit mit Alicia Silverstone in **DAS BIEST** und mit einer Top-Star Riege in **BYE BYE, LOVE**, war sie immer noch relativ unbekannt in der Branche. Daran änderte auch die Tatsache nichts, dass sie bereits für ihren ersten Film **KÖNIG DER MURMELSPIELER** für einen Filmpreis nominiert war. Das ganze sollte sich dann 1999 ändern, als sie für die erfolgreiche TV-Serie **BUFFY** vorsprach. Und das, obwohl bei ihrem Vorsprechen, zu dem sie ihr Agent gedrängt hatte, beinahe alles schief lief. Sie hatte damals kurz nach dem ersten Vorsprechen die Stadt verlassen und erst Anfang der kommenden Woche mit einer Nachricht vom Studio hinsichtlich deren Entscheidung gerechnet. Der Rückruf kam aber bereits am Nachmittag des gleichen Tages und man bat sie nochmals ins Studio zu kommen, was sie aber nicht konnte. Aber es war schon fast so, als hätte ihr das Schicksal die Rolle der Tara zugedacht. Und obwohl daraufhin noch andere Darsteller für diese Rolle vorsprachen, entschieden sich die Produzenten letztendlich für Amber. Der Einstieg in die Serie **BUFFY** war dann auch der bisher größte Erfolg, den Amber Benson in ihrer Karriere bisher verbuchen konnte. Mit einem Schlag war sie bekannt und in aller Munde. Der Preis für die Mitwirkung in einer der beliebtesten und erfolgreichsten Serien der Gegenwart. Tara tauchte zwar erst in der zweiten Hälfte der 4. Staffel ab Folge 4.10 **(Dt. Titel: Das große Schweigen - HUSH)** auf, aber ihr Einstieg konnte nicht furioser sein und ab Folge 4.12 **(Dt. Titel: Metamorphosen - A NEW MAN)** gehörte sie dann zur Stammbesetzung. Auch die Tatsache, dass Buffy-Kreator Joss Whedon Tara für eine Liebesbeziehung mit Willow ausersehen hatte, schürte das Feuer und den Rummel um die Serie gewaltig.

Die Arbeit an **BUFFY** war ein gewaltiger Marathon, der im Juli 1999 begann. Im Oktober ging die 4. Staffel dann in den USA schon auf Sendung. Amber genoss die Arbeit und es brachte ihr auch ein Wiedersehen mit zwei „alten" Kollegen ein - Seth Green und Eliza Dushku. Besonders die Arbeit mit Eliza, die beiden haben 1995 bei **BYE BYE, LOVE** zusammengearbeitet, liebt Amber sehr. Sie findet Eliza einfach toll und hatte viel Spaß mit ihr.

Eine andere Tätigkeit als Schauspielerin zu sein, kann sich Amber nicht vorstellen. Müsste sie dennoch ein anderes Berufsleben wählen, wäre sie am liebsten Autor oder Filmkritiker. Besonders stolz ist sie auf ihren ersten Film **KING OF THE HILL**, der auch heute noch zu ihrer Topfavoriten gehört. Bevor sie im Juli 2000 für die 5. Staffel von **BUFFY** vor die TV-Kamera zurückkehrte, hatte sie in gleich drei Kinofilmen mitgewirkt. In dem Film **PRIME GIG** zeigte sie sich vor einer ganzen anderen Seite und spielte darin auch einmal einen völlig gegensätzlichen Charakter, wie sie ihn bisher darstellte. Dort geht es um die Machenschaften von Telemarketing und Amber taucht darin als exzentrisches 16jähriges Wunderkind Batgirl auf, das nicht nur durch ihre gefärbten Haare und einen Nasenring auffällt. Batgirl scheint ein wenig ab von den Charakteren zu sein, die Benson für gewöhnlich spielt: scheue, unzentrierte Charakter die zitternde gefühlvolle Innenleben haben.

Amber Benson lebt nun seit 9 Jahren, zusammen mit ihrer Mutter und Schwester, in Los Angeles. Die bekennende Vegetarierin hat, wie auch alle ihr Buffy Kollegen, ein Lebensmotto: „Behandle jeden mit Mitgefühl und Respekt. Das Leben ist wirklich zu kurz, um gehässig zu sein. Wir sind alle untereinander verbunden durch unsere gemeinschaftliche menschliche Natur. Wir sollten nett zu einander sein."

Filmographie

Filme

2000   **Prime Gig**
Rolle: Batgirl

Hollywood PA
Rolle: Mandy

Take It Easy
Rolle: Justy

1999   **Ball Hill**
Rolle: unbekannt

Deadtime   Rolle: Amy

1998   **Don´s Plum**   Rolle: unbekannt

	Ich kann´s kaum erwarten (Original: Can´t Hardly Wait)	Rolle: Stephanie
	Cracker 'The Club'	Rolle: unbekannt
	Promised Land 3. Staffel Folge: kein dt. Titel	Rolle: Amy Farnsworth (Original: Out Of Bounds)
1995	Bye Bye, Love	Rolle: Meg
1994	Unsere Welt war eine schöne Lüge (Original: Imaginary Crimes)	Rolle: Margaret
	S.F.W. - 36 Tage Terror (Original: S.F.W.)	Rolle: Barbara „Babs" Wyler
1993	Das Biest (Original: The Crush)	Rolle: Cheyenne
	König der Murmelspieler (Original: King Of The Hill)	Rolle: Ella McShane

Fernsehen

2001	Buffy - Im Bann der Dämonen 5. Staffel	(Original: Buffy The Vampire Slayer)
2000	Buffy - Im Bann der Dämonen 4. Staffel Folge: Das große Schweigen Folge: Metamorphosen Folge: Schein und Sein Folge: Die Kampfmaschine Folge: Böses Erwachen Folge: Im Körper des Feindes Folge: Jonathan Folge: Die Unerstättlichen Folge: Abschiede Folge: kein dt. Titel Folge: Das letzte Gefecht Folge: Jedem sein Alptraum	(Original: Buffy The Vampire Slayer) Rolle in allen Folgen: Tara (Original: Hush) (Original: A New Man) (Original: The I In Team) (Original: Goodbye, Iowa) (Original: This Years Girl) (Original: Who Are You?) (Original: Superstar) (Original: Where The Wild Things Are) (Original: New Moon Rising) (Original: The Yoko Factor) (Original: The Primeval) (Original: Restless)
1995	Jack Reed: One Of Your Own	Rolle: Nicole Reed
1994	Jack Reed: Gnadenlose Jagd (Original: Jack Reed: A Search For Justice)	Rolle: Nicole Reed
1993	Jack Reed: Unter Mordverdacht (Original: Jack Reed: Badge Of Honor)	Rolle: Nicole Reed

Julie Benz (Darla)

Darla gehörte neben dem Meister zu den ältesten Vampiren und war Mitglied der Bruderschaft des Aurelius. 400 Jahre war sie eine treue Gefährtin des Meisters. Ihr hat Angel sein Vampirdasein zu verdanken und sie war es auch, die Angel Drusilla brachte, woraufhin seine Seele mit einem Fluch belegt wurde. Viele Jahre reiste Angel mit Darla durch die Welt, bis er sich entschied den Kreis des Meisters zu verlassen. Als der Meister und seine Gefolgsleute nach Sunnydale kamen, versuchte Darla Angel wieder auf ihre Seite zu ziehen, jedoch ohne Erfolg. Als Beschützer von Buffy war es dann auch Angel der Darla tötete.

Gespielte wird Darla von Julie Benz. Sie wurde in Pittsburgh, ihr genauer Geburtstag ist nicht bekannt, als drittes Kind der Familie Benz, einer Familie mit langer Arzttradition, geboren. Die Schauspielerei war eigentlich nicht ihre Wunschkarriere. Ihre Kindheit war ganz auf den Eissport ausgerichtet und mit 3 Jahren begann sie mit dem Eiskunstlauf. Julie wollte unbedingt Profi werden und arbeitete bis zu ihrem 14 Lebensjahr hart an diesem Traum. Sie trainierte sieben Tage die Woche und bis zu 6 Stunden täglich. Ferien gab es nur für zwei Wochen im Jahr. Der Profisport fordert seine Opfer und die kleine Julie war gerne bereit sie zu bringen, denn als Trostpreis

© PICTURE PRESS

konnte sie quer durch die USA und die Welt reisen. Ihre Vorbereitung umfasste sowohl den Einzel- wie auch den Paarlauf und 1988 errang sie zusammen mit ihrem Partner David Schilling bei den US Junioren Eistanz Meisterschaften den 13. Platz.

Mit 14 Jahren erlitt sie dann eine Schienbeinverletzung, die sie zu einer sechsmonatigen Pause im Eislaufen zwang. Aber ihre Mutter wollte nicht, dass sie während dieser Zwangspause „unnütz" zu Hause herumsaß. So entschied sie, dass ihre Tochter während dieser Zeit doch so nebenbei als Model arbeiten könnte und wandte sich in dieser Angelegenheit auch gleich an eine örtliche Modelagentur in Pittsburgh. Kaum als Model für einige Drucksachen gebucht, wuchs in Julie plötzlich das Interesse an der Schauspielerei. Vielleicht hatte auch ein Seminar, dass in der Modelagentur an einem Wochenende abgehalten wurde und das Thema „Wie werde ich Schauspieler in Hollywood" zum Inhalt hatte, einen wesentlichen Anteil an ihrem aufkeimenden Interesse. Für diese Seminar kamen Manager und Agenten aus Los Angeles und New York nach Pittsburgh und die Veranstaltung endete damit, dass Julie hinterher einen eigenen Agenten hatte. Er stammte aus New York und ist auch heute noch ihr Agent. Sein Vorschlag, Julie solle doch in New York arbeiten, wurde von ihrer Mutter wohlwollend aufgenommen. Das hieß aber keinesfalls, dass Julie danach gleich die Koffer packen musste und in den Big Apple übersiedelte. Die Vereinbarung sah vor, dass sie nur für Vorsprechtermine nach New York flog, wenn sich eine wirklich gute Rolle für Julie bot.

Die Eltern unterstützten den neuen Berufswunsch ihrer Tochter. Sie hatten das immer getan, sofern Julie sich auch zu mehr als 100% dessen sicher war und ihren Beitrag dazu leistete. Der neue Beitrag sah so aus, dass sie sich für mehrere Kurse eintrug, die sich mit Schauspiel, Stimme, Singen und Tanzen befassten. Fertigkeiten, die ein guter Schauspieler, sofern er nicht mit Gottesgaben gesegnet ist, erlernen muss. Julie erhielt von ihren Eltern nicht nur finanzielle Unterstützung, sondern auch emotionale, was wichtig war, denn sie war ja mal gerade 14 Jahre alt. Die neue Beschäftigung half ihr auch den Verlust ihrer Sportkarriere zu verarbeiten und ihre Lebensziele neu auszurichten.

Ihre erste Rolle spielte sie in einem Bühnenstück mit dem Titel **BREAKING THE CODE**, dass im Gemeindetheater von Pittsburgh aufgeführt wurde. Der erste Film, in dem Julie Benz mitwirkte war **STREET LAW**, und sie gehörte hier nur zur „stummen" Randbesetzung. Ihre erste wirkliche Filmrolle mit Text bekam Julie in einem Horrorfilm dessen Drehort Pittsburgh war. Der Streifen hieß **TWO EVIL EYES**, Grundlage des Films waren zwei Geschichten von Edgar Allan Poe, und Harvey Keitel spielte darin die Hauptrolle. Auf dem Regiestuhl saß der Meister des Horrors - der Italiener Dario Argento - und inszenierte damit seinen einzigsten amerikanischen Film. Julie hatte darin nur eine kleine Nebenrolle als junges Punker-Küken mit 15 Jahren.

Neben ihrer neuen Tätigkeit als Schauspielerin, arbeitete Julie jedoch auch weiterhin in der Modelagentur, drehte dort einige Werbespots, bevor sie sich dann doch entschloss, nach New York zu gehen und an der New York University Schauspiel zu studieren. Im Januar 1994 siedelte sie dann schließlich nach Los Angeles über und ihre Karriere

kam langsam ins Rollen. Zuerst trat sie noch als Gaststar in diversen angesagten Serien auf, wie **DAS LEBEN UND ICH** und **EINE SCHRECK-LICH NETTE FAMILIE**, später kamen dann Kinofilme wie **DARK DRIVE** und **DIE ABBOTTS - WENN HASS DIE LIEBE TÖTET** dazu.

Und dann gab es 1997 eine neue TV-Serie namens **BUFFY THE VAM-PIRE SLAYER**. Julie bewarb sich für die Rolle der Buffy, konnte sich aber nicht gegen Sarah Michelle Gellar durchsetzen. Sarah hatte ihr damit nach **ALL MY CHILDREN**, wo Julie sich als Kendall Hart bewor-ben hatte, auch bei **BUFFY** die Titelrolle weggeschnappt. Aber sie ist ihr deswegen nicht böse, denn man bot ihr stattdessen die Rolle der Darla an. Ursprünglich sollte sie bereits in der ersten Folge sterben, aber die Produzenten fanden Gefallen an Julies Arbeit und gaben ihr eine längere Lebensphase. Sie liebte es Darla zu spielen, trotz der Make-up Prozedur, weil sie ein lustiger Charakter war. Das Anlegen des Vampir Outfit dauerte zu Beginn drei Stunden und noch mal eine Stunde für das Abschminken. Später wurde die Zeit zwar auf eine Stunde vor und 45 Minuten danach reduziert, aber es war noch immer ein aufwendiger Prozess. Und Julie war nach jedem Abschmin-ken knallrot im Gesicht, denn sie hat eine besonders empfindliche Haut. Zuerst hatte man versucht an einem Tag sowohl Szenen in Maske als auch ohne zu drehen. Aber die Gesichtsfarbe von Julie ließ das nicht zu, denn es musste immer massenhaft Make-up aufgetragen werden um die Röte aus ihrem Gesicht zu verbannen. Sie fand es zwar aufregend sich in einem bequemen Stuhl zu setzen und als Vampir auf-zuwachen, aber Filme mit langen Make-up Prozeduren will sie deshalb nicht zu ihrem täglich Brot machen.

BUFFY war eine gute Erfahrung und hat ihr geholfen, ihre Karriere etwas anzuschieben. Obwohl 1998 eine weitere Serie - **JACK - DIE TRAUMFRAU (Originaltitel: Ask Harriet)** - in der Julie zur Stammbeset-zung gehörte, nach nur fünf Folgen eingestellt wurde, war das Jahr ein Karrierehoch. In diesem Jahr gelang Julie Benz der Durchbruch mit dem Kinofilm **BESSER GEHT`S NICHT (Originaltitel: As Good As It Gets)**, in dem sie an der Seite von Jack Nicholson einen kurzen Auftritt hatte. Die Arbeit mit Jack Nicholson war auch nicht einfach, denn Julie war durch seine Anwesenheit derart überwältigt, dass sie ihre Rolle mehr lebte als spielte und man es nicht als Schauspie-lerei bezeichnen konnte. Als sie für die Rolle vorgesprochen hatte, war sie eine unter vielen gewesen und der Regisseur Jim Brooks hatte ihr gleich nach dem Vorsprechen die Rolle zugesagt, was Julie aber zuerst als Scherz auffasste. Doch es war ihm ernst gewesen und Julie war in ihrer Rolle letztendlich so gut, dass ihre Szene mit Jack Nicholson sogar komplett im Werbe-Trailer gezeigt wurde. Und als ob dies für einen relativen Newcomer noch nicht genug war, wurde ihre Szene sogar eigens für die Oscarverleihung, der Film war mehrfach nominiert worden, neu aufgelegt und Billy Crystal spielte dabei Julies Part.

1998 war auch das Jahr, in dem Julie ihre männlichen Fans in Trauerstimmung versetzte, als sie Jon Kassir heiratete.

Nachdem Julie 1999 eine Rolle in dem Stanley Kubrick Film **EYES WIDE SHUT** abgelehnt hatte, da sie beim Vorsprechen keine Nacktszene spielen wollte, drehte sie stattdessen die schwarze Komödie **DER ZUCKERSÜSSE TOD (Originaltitel: Jawbreaker)**. Und auch eine neue Serie wollte Julie Benz als Darstellerin haben, so dass sie bei der CBS Serie **PAYNE** neben John Larroquette und JoBeth Williams zur Stammbesetzung gehörte. Leider wurden nur neun Folgen gedreht und eine Fortsetzung wurde von CBS nicht geordert. Aber das ist kein Grund für Julie den Kopf hängen zu lassen, denn sie hat sofort gleichwertigen, wenn nicht sogar besseren Ersatz gefunden. Eine neue Serie namens **ROSWELL**, die von Jonathan Frakes (bekannt aus Star Trek - The Next Generation) und David Nutter (bekannt durch Millennium) entwickelt wurde. Julie ist hier zwar kein Mitglied der Stammbesetzung, hat aber einen wiederkehrenden Charakter und Warner Bros. hat bei dieser Serie eine 2. Staffel für 2001 in Auftrag gegeben. Und dann gibt es da noch **ANGEL**, den Spion-Off von **BUFFY**, in dem Julie wieder als Darla auftaucht. Die Zukunft steht also eindeutig auf Erfolg und Julie Benz wieder zumindest den **BUFFY** und **ANGEL** Fans noch länger erhalten bleiben.

Filmographie

Filme

2001   **The Brothaz**
Rolle: unbekannt

2000   **A Fate Totally Worse Than Death**
Rolle: Danielle

I Know What You Screamed Last Semester
Rolle: Barbara

1999   **Dirt Merchant**
Rolle: unbekannt

Der zuckersüße Tod
(Original: Jawbreaker)
Rolle: Marcie Fox

1998   **Besser geht´s nicht**
(Original: As Good As It Gets)
Rolle: Zoe

1997	**Die Abbotts - Wenn Hass die Liebe tötet**	
	(Original: Inventing the Abbotts)	Rolle: unbekannt
1996	**Dark Drive**	Rolle: Julie
1990	**Two Evil Eyes**	Rolle: Betty

F e r n s e h e n

2000	**Satan´s School for Girls**	Rolle: Allison
1999	**Payne**	Rolle: Breeze O´Rourke

Roswell	(Original: Roswell)
1. Staffel	Rolle in allen Folgen: Kathleen Topolsky
Folge: **kein dt. Titel**	(Original: The Morning After)
Folge: **kein dt. Titel**	(Original: Monsters)
Folge: **kein dt. Titel**	(Original: Missing)
Folge: **kein dt. Titel**	(Original: 285 South)
Folge: **kein dt. Titel**	(Original: River Dog)
Folge: **kein dt. Titel**	(Original: Blood Brothers)

Angel	(Original: Angel)
1. Staffel	Rolle in allen Folgen: Darla
Folge: **kein dt. Titel**	(Original: The Prodigal)
Folge: **kein dt. Titel**	(Original: Five By Five)
Folge: **kein dt. Titel**	(Original: To Shanshu In LA)
Folge: **kein dt. Titel**	(Original: Crazy)

1998	**Buffy - Im Bann der Dämonen**	(Original: Buffy The Vampire Slayer)
	2. Staffel	Rolle: Darla
	Folge: **Wendepunkte**	(Original: Becoming, Part One)

King Of Queens	Rolle: Julie
Folge: **kein dt. Titel**	(Original: Train Wreck)

Jack die Traumfrau	(Original: Ask Harriet)
1. Staffel	Rolle in allen Folgen: Jophin Russell
Folge: **Hot Coco**	(Original: Hot Coco)
Folge: **Afrika, ich komme**	(Original: Help Me Rwanda)
Folge: **Ein Mann steht seine Frau**	(Original: Turn Your Head & Kafka)
Folge: **Eine Hand wäscht die andere**	(Original: Lips That Pass in the Night)

1997	**A Walton Easter**	Rolle: unbekannt

Buffy - Im Bann der Dämonen	(Original: Buffy The Vampire Slayer)
1. Staffel	Rolle in allen Folgen: Darla
Folge: **Das Zentrum des Bösen**	(Original: Welcome To The Hellmouth)
Folge: **Die Zeit der Ernte**	(Original: The Harvest)
Folge: **Angel - Blutige Küsse**	(Original: Angel)

Fame L.A.	Rolle: Vanessa
Folge: **kein dt. Titel**	(Original: The Beat Goes On)

Sliders	(Original: Sliders)
3. Staffel	Rolle: Jenny Michener
Folge: **Der Geist aus der Flasche**	(Original: Electric Twister Acid Test)

| 1996 | Leinen los für die Liebe
(Original: Hearts Adrift) | Rolle: Kristy |
| | | |

| 1996 | Leinen los für die Liebe
(Original: Hearts Adrift) | Rolle: Kristy |

1996   Leinen los für die Liebe   Rolle: Kristy
(Original: Hearts Adrift)

Diagnose: Mord   (Original: Diagnosis Murder)
4. Staffel   Rolle: Julie Miller
Folge: **Mord auf dem Eis**   (Original: Murder On Thin Ice)

Eine starke Familie   (Original: Step By Step)
5. Staffel   Rolle: Tawny
Folge: **Einer wird gewinnen**   (Original: The Wall)

1995   Empire   Rolle: Christie Lambert

Ein Single kommt selten allein   (Original: The Single Guy)
2. Staffel   Rolle: unbekannt
Folge: **kein dt. Titel**   (Original: Love Train)

High Tide - Ein cooles Duo   (Original: High Tide)
2. Staffel   Rolle: Joanna Craig
Folge: **Das Diamantenboot**   (Original: Sea No Evil)

Hang Time
1. Staffel   Rolle: Linda Cantrell
Folge: **kein dt. Titel**   (Original: Earl Makes The Grade)

Eine schreckliche Nette Familie (Original: Married...With Children)
8. Staffel   Rolle: Sascha
Folge: **Marcys Schuss in den Ofen** (Original: Field Of Screams)

1993   **Das Leben und ich**   (Original: Boy Meets World)
3. Staffel   Rolle: Bianca Sabatini
Folge: **Die verlorene Uhr**   (Original: City Slackers)

1991   Hi Honey, I´m Home   Rolle: Babs Nielson

Emma Caulfield (Anya „Anyanka" Emerson)

Anyanka ist die dunkle Schutzpatronin all derer Frauen, die von Männern betrogen wurden. Wendet sich eine Frau an sie, so gewährt sie dieser mit Hilfe ihres Amuletts einen Wunsch. Die Dämonin erschien in Gestalt einer Schülerin auf den Ruf von Cordelia hin, die sich für Xanders Seitensprung rächen wollte, und erfüllt ihr einen Wunsch: Buffy wäre nie nach Sunnydale gekommen. Das anschließende Chaos gefiel Cordelia aber ganz und gar nicht, in dessen Trubel sie sogar ihr Leben verlor. Nur mit der Hilfe von Giles, der Anyankas Amulett zerstörte, konnte der Urzustand wieder hergestellt werden. Als Folge verlor die Dämonin ihre Kräfte. Alle Versuche diese wieder zurück zu erlangen, blieben bisher vergebens. Sie war dazu verbannt, ihr Leben als Sterbliche fortzuführen. Für eine 1200 Jahre alte Dämonin kein leichtes, plötzlich im Körper einer jungen Schülerin gefangen zu sein. Aber es blieb ihr nichts anderes übrig, als das beste daraus zu machen und deshalb ging sie kurzentschlossen eine Liaison mit Xander ein. Als der Aufstieg von Bürgermeister Wilkins anstand, half sie der Scooby Gang dies zu verhindern, denn sie hatte vor mehr als 800 Jahren bereits einem Aufstieg beigewohnt. Im Verlauf der 4. Staffel werden Anya und Xander ein Paar und die Scooby Gang erhält eine neue Mitstreiterin. Anya fügte sich langsam in ihr menschliches Dasein ein und profitiert dabei von ihrer dämonischen Vergangenheit.

Gespielt wird Anya von der Schauspielerin Emma Caulfield. Sie wurde am 8. April 1973 in Greenville/Kalifornien, USA geboren. Aufgewachsen ist Emma in San Diego/ Kalifornien und hat schon früh Interesse am Theater gezeigt. Obwohl sie in den USA durch ihre Mitwirkung in den Serien **BEVERLY HILLS, 90210** und der Kultserie **GENERAL HOSPITAL** im Fernsehen bekannt wurde, ist über Emma Caulfield als Privatperson nicht viel bekannt. Dies dürfte sich sicherlich durch ihre Mitwirkung in der TV-Serie **BUFFY** ändern, die bisher alle ihre Darsteller entsprechend ins Licht der Öffentlichkeit gerückt hat und die Fans dieser Serie sind die reinsten Füchse, geht es darum, Infos über die Darsteller zu suchen und zu finden.

Während Emma ihre Jugend in San Diego verbrachte, siedelte sie nach einem Zwischenstop in San Francisco nach Los Angeles über, wo sie an der UCLA ihren College Abschluss im Fach Psychologie ablegte. Für den Fall, dass die Fernsehkarriere einmal vorüber sein sollte, hat Emma einen guten Ausgangspunkt, um sich ihr Geld auch außerhalb der Glitzermetropole des kurzlebigen Filmgeschäfts zu verdienen. Sie hat ohnehin die Ambitionen, bei ihrer Arbeit mehr ihr Gehirn einzusetzen, als ihren Körper, wie das ein Schauspieler machen muss.

Ihre erste Rolle spielte sie nach diversen Theaterauftritten in der Sitcom **CALIFORNIA HIGHSCHOOL 2**, die im Studio vor Livepublikum aufgenommen wurde. Diese Erfahrung ist auch heute noch denkwürdig für Emma und sie bekräftig, dass sie dabei sehr viel gelernt hat, sogar mehr als durch ihre vorherige Bühnenarbeit. Es ist ein sehr intensives Gefühl vor Livepublikum zu spielen und die Arbeit wird dadurch anspruchsvoller, denn man sieht hier jeden groben Schnitzer, den sich ein Schauspieler leistet. Danach spielte sie in einer Folge der TV-Serie **BURKES GESETZ (Originaltitel: Burke´s Law)** und in einer Folge der TV-Serie **RENEGADE - GNADENLOSE JAGD** an der Seite von Lorenzo Lamas. Diese Auftritte sorgten dafür, dass der Produzent Aaron Spelling auf sie aufmerksam wurde und ihr eine Rolle in seiner Hit-Serie **BEVERLY HILLS, 90210** gab. Emma spielte in der Serie eineinhalb Jahre lang in zwei Staffeln Susan Keats, die Freundin von Brandon·Walsh, und wurde damit zum ersten Mal einem größeren Publikum bekannt. Nach ihrem Ausstieg gelang Emma sofort wieder der Einstieg in eine Hit-Serie, diesmal in **GENERAL HOSPITAL**. Auch hier spielte sie zwei Jahre eine Rolle der Stammbesetzung. **GENERAL HOSPITAL** ist die wohl erfolgreichste TV-Serie überhaupt. Der Serienstart war am 1. April 1963 und die Serie läuft noch heute, bei über 4.000 Folgen. Im Anschluss trat Emma Caulfield als Gaststar in den Serien **PALM BEACH DUO** und der Don Johnson Serie **NASH BRIDGES** auf, bevor sie das Angebot für **BUFFY** erhielt. Ursprünglich war sie nur für eine Episode - Folge: **WAS WÄRE WENN** - als Dämonin Anyanka eingeplant, aber Joss Whedon - der nie um einen Einfall verlegen ist - befand, dass es doch eine interessante Handlung wäre, die Dämonin in einen ganz normalen Teenager zu transferieren. Also kehrte sie noch in drei weiteren Episoden der 3. Staffel zurück. Ihre Präsenz vor der Kamera bewog die Produzenten und insbesondere Joss dann dazu, sie in der vierten Staffel weiter einzusetzen und ab der 5. Staffel gehört sie nun auch zur Stammbesetzung der Serie.

Trotz des Erfolges von **BUFFY** ist sich Emma aber noch nicht sicher, ob sie für den Rest ihres Lebens Schauspielerin bleiben möchte. Ihrer Aussage nach ist man in Hollywood nur solange jemand, wie man auf der Leinwand oder Mattscheibe präsent ist. Man kann sich nie eine Auszeit gönnen und ist immer nur solange erfolgreich, wie das Produkt, in dem man integriert ist. Die Branche verlangt immer nach frischem Blut, nach neuen Gesichtern und es gibt immer einen Grund, jemanden zu ersetzen oder austauschen. Aber noch hat Emma Caulfield Spaß an ihrer Arbeit und an **BUFFY**. Ohnehin ist Emma im wirklichen Leben bodenständiger als Anya, vielleicht ein bisschen schüchtern, aber intelligent und überaus attraktiv.

Filmographie

2001   **Buffy - Im Bann der Dämonen**
       (Original: Buffy The Vampire Slayer)
       5. Staffel

2000   **Buffy - Im Bann der Dämonen**
       (Original: Buffy The Vampire Slayer)
       4. Staffel
       Rolle in allen Folgen: Anya Emerson
       Folge: **Der Stein von Amara**
       (Original: The Harsh Light Of Day)
       Folge: **Dämon der Angst**
       (Original: Fear, Itself)
       Folge: **Der Geist Quamash**
       (Original: Pangs)
       Folge: **Mein Wille geschehe**
       (Original: Something Blue)
       Folge: **Das große Schweigen**   (Original: Hush)
       Folge: **Metamorphosen**   (Original: A New Man)
       Folge: **Schein und Sein**   (Original: The I In Team)
       Folge: **Die Kampfmaschine**   (Original: Goodbye, Iowa)
       Folge: **Im Körper des Feindes**   (Original: Who Are You, Part Two)
       Folge: **Jonathan**   (Original: Superstar)
       Folge: **Die Unersättlichen**   (Original: Where The Wild Things Are)
       Folge: **Abschiede**   (Original: New Moon Rising)
       Folge: **The Yoko Factor**   (Original: The Yoko Factor)
       Folge: **Das letzte Gefecht**   (Original: Primeval)
       Folge: **Jedem sein Alptraum**   (Original: Restless)

1999   **Buffy - Im Bann der Dämonen**
       (Original: Buffy The Vampire Slayer)
       3. Staffel   Rolle in allen Folgen: Anya/Anyanka
       Folge: **Was wäre wenn**   (Original: The Wish)
       Folge: **Doppelgängerland**   (Original: Doppelgangland)
       Folge: **Der Höllenhund**   (Original: The Prom)
       Folge: **Das Blut der Jägerin**   (Original: Graduation Day, Part One)

1998   **Nash Bridges**
       (Original: Nash Bridges)
       3. Staffel   Rolle: unbekannt
       Folge: **Erinnerungen**   (Original: Live Shot)

       Palm Beach Duo
       (Original: Silk Stalkings)
       7. Staffel   Rolle: Kate Donner
       Folge: **kein dt. Titel**   (Original: Guilt By Association)

1997   **General Hospital**
       (Original: General Hospital)
       Stammbesetzung   Rolle in allen Folgen: Lorraine Miller

1996   **General Hospital**
       (Original: General Hospital)
       Stammbesetzung   Rolle in allen Folgen: Lorraine Miller

Beverly Hills, 90210
(Original: Beverly Hills, 90210)
7. Staffel
Stammbesetzung   Rolle in allen Folgen: Susan Keats

1995   **Beverly Hills, 90210**
(Original: Beverly Hills, 90210)
6. Staffel
Stammbesetzung   Rolle in allen Folgen: Susan Keats

Weird Science
3. Staffel
Folge: **What Genie?**   Rolle: Phoebe Hale

Palm Beach Duo
(Original: Silk Stalkings)
4. Staffel   Rolle: Ray Washburn
Folge: **Er hieß „Champagner"**   (Original: Champagne On Ice)

1994   **Renegade - Gnadenlose Jagd**
(Original: Renegade)
3. Staffel   Rolle: Cindy
Folge: **Tödliche Reize**   (Original: Teen Angel)

California Highschool 2
(Original: Saved By The Bell: The New Class)
2. Staffel   Rolle: Penny Brady
Folge: **Herzblut**   (Original: Let The Game Begin)

Alexis Denisof (Wesley Wyndham-Pryce)

Als der Rat der Wächter Rupert Giles von seinen Aufgaben hinsichtlich Buffy enthoben hatte, wurde ein neuer Wächter nach Sunnydale
geschickt. Der Neue hieß Wesley Wyndham-Pryce und kam ebenso
wie Giles aus England. Aber im Gegensatz zu Giles fand Wesley keinen
Zugang zu Buffy, die den neuen Wächter aus tiefstem Herzen ablehn-
te. Auch bei Faith, die ebenfalls unter seine Obhut gestellt wurde, ver-
sagte er und sorgte unfreiwillig für ihr Überlaufen ins feindliche Lager.
Wesley war das genaue Gegenteil von Giles: inkompetent, ängstlich
und immer auf Sicherheit bedacht. Und seine Fähigkeiten für den
Kampf an der Front, ließen sehr zu wünschen übrig. Während er bei
den Jägerinnen keine Chance hatte, so war zumindest Cordelia Chase
ganz hingerissen von Wesley und sie begannen ungeniert miteinander
zu flirten. Nach dem Debakel um den Aufstieg von Bürgermeister
Wilkins, den Buffy und ihre Freunde mit größtem Einsatz hatten ver-
hindern können, wurde auch Wesley vom Rat der Wächter von seinen
Aufgaben entbunden. Nach einer kurzen Erholungsphase trat Wesley
Wyndham-Pryce dann den Weg nach Los Angeles an, wo er wieder auf
Angel und Cordelia stieß, und sie fortan im Kampf gegen das Böse in
L.A. unterstützte.

Gespielt wird Wesley Wyndham-Pryce von Alexis Denisof. Er wurde am
25. Februar 1965 in Salisbury/Maryland, USA geboren. Seine Eltern
hatten sowohl amerikanische, wie auch russische Vorfahren. Alexis
verbrachte den Großteil seiner Kindheit zusammen mit seiner Mutter
in Seattle/Washington und ging später auf eine Schule in New
Hampshire. Nach Abschluss der High School entschloss er sich,
zuerst einmal quer durch Europa zu reisen und Erfahrungen zu sammeln. In London gefiel es ihm dann so gut, dass er sich entschloss, die
folgenden 15 Jahre dort zu verbringen. Alexis besuchte hier die
London Academy of Music and Dramatic Arts und trat nach deren
Abschluss als Theaterschauspieler der Royal Shakespeare Company
bei.
Seinen ersten Auftritt hatte Alexis Denisof 1987 in einem Musikvideo
von Ex-Beatle George Harrison für dessen Song **GOT MY MIND SET
ON YOU**. In der Zeit von 1988 bis 1991 arbeitete er als Kampf-
Choreograph bei der Bühnenproduktion **HAMLET** und sorgte dort für
einige spektakuläre Schwertkämpfe auf der Bühne. Diese Funktion
übte er auch bei den Stücken **THE SOUL`S DARK NIGHT, THE OTHER
SIDE** und **ROMEO AND JULIET** aus, während er nebenbei auch als

© CHRISTINA RADISH

Darsteller in Erscheinung trat.

1989 drehte er mit **MURDER STORY** seinen ersten Kinofilm, gefolgt von **DAKOTA ROAD** (1990) und **SNOW AND FIRE** (1991). Trotz dieser Film-Ausflüge blieb Alexis aber vorerst dem Theater treu und spielte bis 1995 in zahlreichen Bühnenstücken - u.a. **TOVARICH** (1991), **ADAM WAS A GARDENER** (1991), **CYRANO DE BERGERAC** (1992) und **CAIN** (1992) - kleinere und größere Rollen. Bei der Arbeit an dem Stück **ROPE** (1992) lernte er Anthony Stewart Head kennen, der Rupert (als Vorbote zu **BUFFY**) Cadwell darstellte. Als Joss Whedon einige Jahre später nach einem geeigneten Darsteller für einen neuen Wächter suchte, empfahl Anthony seinen damaligen Kollegen Alexis für die Rolle. Durch seinen langen Aufenthalt in England hatte Denisof nämlich einen wunderbaren britischen Akzent, der für diese Rolle mit ausschlaggebend war. Ohnehin hat Alexis Denisof nur gutes über Anthony Head zu berichten und bezeichnet ihn als eine formale Grundsäule, auf die der Erfolg von **BUFFY** aufgebaut wurde. Die Arbeit mit ihm war damals wie heute wunderbar, und Alexis hofft, dass Wesley Wyndham-Pryce auch einmal wieder bei **BUFFY** auftauchen darf, um wieder mit Anthony arbeiten zu können.

Während seiner Zeit in England hatte Alexis eine Beziehung mit der Schauspielerin Caroline Aherne, die mit ein Grund war, weshalb er nicht schon früher wieder in die USA zurückgekehrt war. Irgendwann war es dann aber doch soweit und Alexis war für eine Woche mit einigen Freunden auf „Heimaturlaub" in den USA. Sie wollten sich einen Film anschauen, den Alexis gemacht hatte und der auf dem Sundance Festival lief. Obwohl sie alle Schauspieler waren, hatten sich die drei vor ihrer Ankunft in L.A. geschworen, nicht auf Arbeitssuche zu gehen, sondern nur Urlaub zu machen. Doch wie es so ist mit guten Vorsätzen: man hat sie zwar, aber es kommt doch immer wieder etwas dazwischen. So auch bei Alexis, der sich dann von einem Treffen zum nächsten hangelte und schließ-

lich für den Pilotfilm einer geplanten TV-Serie mit dem Titel **GHOST COP** unter Vertrag genommen wurde. Diese von Fox Television erdachte Serie sollte in Vancouver/ British Columbia vor die Kamera gehen, wurde dann aber wieder auf Eis gelegt. In den Jahren zuvor hatte Alexis aber weiterhin Filme gedreht, wie etwa **DER ERSTE RITTER (Originaltitel: FIRST KNIGHT)** an der Seite von Sean Connery und Richard Gere und **HALCYON DAYS**, bevor er dann 1997 durch Mitwirkung in der auf drei Teile angelegten TV-Filmreihe **SHARPE** und mit einem Gastauftritt in der TV-Serie **HIGHLANDER** glänzte. Alexis war als Schauspieler immer ausreichend beschäftigt, wenn auch man ihn selten in einer Hauptrolle zu sehen bekam. Als er dann 1999 das Angebot bekam, in dem aufwendigen 2-teiligen NBC TV-Film **ARCHE NOAH - Das größte Abenteuer der Menschheit** als einer der Söhne von Noah (Jon Voight) mitzuwirken, griff er ohne Zögern zu. Und im gleichen Jahr meldete sich Joss Whedon bei Denisof, um ihm eine Rolle in seiner TV Kult-Serie **BUFFY - IM BANN DER DÄMONEN** anzubieten. Auch hier musste Alexis nicht lange überlegen, zumal die Rolle nur als Gastauftritt über zwei Folgen geplant war. Aber man erkannte dann sehr schnell, dass die Rolle des Wesley Wyndham-Pryce doch mehr Potential bot, als anfangs geplant und so blieb Alexis bis zum Ende der 3. Staffel im **BUFFY** Team. Seine darstellerische Leistung ebnete ihm dann auch den Weg zu **ANGEL**, der Spin-Off Serie von **BUFFY**. Hier übernahm er in der 1. Staffel ab Folge 10 den frei gewordenen Part des Hauptcharakters Doyle und wird ab der 2. Staffel in der Stammbesetzung von **ANGEL** zu sehen sein. Das ist vielleicht die Chance für ihn, die Figur Wesley Wyndham-Pryce weiter zu entwickeln, und er hofft darauf, dass die Drehbuchautoren die persönliche Geschichte seines Charakters weiter ausleuchten.

Alexis Denisof, der sowohl in London als auch in Los Angeles eine Wohnung unterhält, hat sich zwischenzeitlich in der alten Heimat wieder gut eingelebt und verliert auch langsam wieder seinen englischen Akzent. Die Karriereaussichten stehen hier sehr gut und wenn es seine knappe Zeit erlaubt, will er auch weiterhin Theater spielen und Filme drehen. **BUFFY** war nicht nur beruflich ein Glücksgriff, sondern auch privat, denn seit Dezember 1999 ist er mit Alyson Hannigan (Willow) zusammen.

Filmographie

Filme

2000   **Beyond City Limits**
Rolle: unbekannt

1999   **High Speed Money - Die Nick Leeson Story**
(Original: Rogue Trader)
Rolle: Fernando Gueller

1998   **The Misadventures of Margaret**
Rolle: Dr. Lipi

1996   **True Blue**
Rolle: Ed Fox

1995	**Der erste Ritter**	
	(Original: First Knight)	Rolle: Sir Gaheris
	Unschuldige Lügen	
	(Original: Halcyon Days)	Rolle: Christopher Wood
1991	**Snow and Fire**	Rolle: David
1990	**Dakota Road**	Rolle: Jacob
1989	**Murder Story**	Rolle: Tony Zonis

F e r n s e h e n

2001	**Angel**	(Original: Angel)
	2. Staffel - Stammbesetzung	Rolle: Wesley Wyndham-Pryce
2000	**Angel**	(Original: Angel)
	1. Staffel	
	Stammbesetzung ab Folge 10	Rolle: Wesley Wyndham-Pryce
1999	**Arche Noah - Das größte Abenteuer der Menschheit**	
	(Original: Noahs Ark)	Rolle: Ham

Buffy - Im Bann der Dämonen
(Original: Buffy The Vampire Slayer)
3. Staffel
Rolle in allen Folgen: Wesley Wyndham-Pryce

Folge: **Der neue Wächter**	(Original: Bad Girls)
Folge: **Konsequenzen**	(Original: Consequences)
Folge: **Doppelgängerland**	(Original: Doppelgangland)
Folge: **Gefährliche Spiele**	(Original: Enemies)
Folge: **Fremde Gedanken**	(Original: Earshot)
Folge: **Die Box von Gavrock**	(Original: Choices)
Folge: **Der Höllenhund**	(Original: The Prom)
Folge: **Das Blut der Jägerin**	(Original: Graduation Day, Part 1)
Folge: **Der Tag der Vergeltung**	(Original: Graduation Day, Part 2)

1997	**Im Fahrwasser des Todes**	
	(Original: Hostile Water)	Rolle: John Baker
	Sharpe´s Waterloo	Rolle: Lord Rossendale
	Sharpe´s Justice	Rolle: Lord Rossendale
	Sharpe´s Revenge	Rolle: Lord Rossendale
	Highlander - Die Serie	(Original: Highlander)
	6. Staffel	
	Folge: **Das Todesspiel**	
	(Original: Diplomatic Immunity)	Rolle: Steve Banner

Harry Groener (Bürgermeister Richard Wilkins)

Das Stadtoberhaupt von Sunnydale, Bürgermeister Richard Wilkins III, ist auf den ersten Blick ein stattlicher Mann, der Prinzipien hat und seine Vorstellungen präzise in die Tat umzusetzen weiß. Dass er aber einen sehr dunklen Fleck auf seiner weißen Weste hat, wissen nur ganz wenige. Wilkins hat zwar eine menschliche Gestalt, ist aber ein über 100 Jahre alter Dämon, der sich Sunnydale für seinen Aufstieg in den Olymp der Dämonen ausgesucht hat. Von Buffy ging für ihn selten wirkliche Gefahr aus und seine Mitstreiter verstanden es immer gut, seine Aufträge zu realisieren. Als sein treuer Gefolgsmann Mr. Trick, der für ihn alle notwendigen Aktionen beaufsichtigte und ausführte, durch Faith zu Tode kam, übernahm sie nach dem Zerwürfnis mit Buffy den frei gewordenen Posten. Für Faith empfand Bürgermeister Wilkins wirkliche Vatergefühle und er verstand es, Faith das zu geben, wonach sie suchte. Er hatte ihr nach seinem Aufstieg auch eine besondere Position an seiner Seite zugedacht, wozu es aber nicht mehr kam. Obwohl der Aufstieg eingeleitet wurde, konnten Buffy und ihre Freunde die Endphase rechtzeitig verhindern, was das Ableben des Bürgermeisters in seiner mutierten Dämonengestalt zur Folge hatte.

Gespielt wird Bürgermeister Richard Wilkins III von Harry Groener, der am 10. September 1951 in Augsburg/Deutschland geboren wurde. Die Groeners emigrierten in der Nachkriegszeit in die USA und siedelten sich im Deutsch-amerikanischen Viertel in San Francisco an. Sein Vater Johann Groener war unter dem Künstlernamen Harry Fox ein bekannter Konzertpianist und seine Mutter war Lehrerin für Sprache und Tanz. Da war es dann auch nicht verwunderlich, dass sich Harry im Alter von 11 Jahren dazu entschloss, Jazztänzer zu werden. Seine Eltern unterstützten ihn in seinem Vorhaben, bestanden aber darauf, dass er zuerst die Grundlagen des Tanzens erlernte. Dies geschah in Form eines Ballet Trainings, bei dem Harry große Angst hatte, der einzigste Junge in einer Klasse von Mädchen zu sein. Und tatsächlich kam es auch so. Die Situation wurde auch noch durch das Tragen von Strumpfhosen und das Einsetzen der Pubertät verschärft, aber Harry bewies trotz allem Durchhaltevermögen.

Während seiner Schulzeit an der Mission High School in San Francisco ging Harry weiter seiner Tanzleidenschaft nach und wurde dafür, zu seinem eigenen Erstaunen, von seinen Mitschülern respektiert und nicht ausgelacht. Er hatte aber auch eine wirklich gute Strategie, die er besonders bei Tanzaufführungen anwandte: „Ich habe einfach den beliebtesten Song des Tages und einen Partner, eine Frau die sehr

sexy und beliebt war, ausgesucht. Und ich zog mich immer schwarz an, denn das war cool."
Langsam begann dann aber eine zweite Leidenschaften in Harry Groeners Leben Einzug zu halten, die Schauspielerei, die das Tanzen etwas ins Abseits schob. Und als er in einer Schulaufführung bei dem Stück **DAS TAGEBUCH DER ANNE FRANK** mitwirkte, begann der Keim zu reifen. 1970 traf Groener die Entscheidung, sich am Pacific Conservatory of the Performing Arts (kurz PCPA) in Santa Monica/Kalifornien einzuschreiben. Am PCPA lernte Harry nicht nur das schauspielerische Handwerk, sondern auch die Nebenaspekte wie Regie, Bühnenarbeit, Choreographie und anderes. Während des Studiums spielte er eine Vielzahl an Rollen - in **MARAT/SADE, ONCE UPON A MATTRESS** und **THE HOSTAGE** - und übernahm auch bei einigen die Choreographie, wie bei **CANDIDE** und **VANITIES**, wo er seine spätere Frau Dawn Didawick kennenlernte. 1976 machte Harry seinen Abschluss an der Universität von Washington und ging für eine Saison nach Louisville an das Actor's Theater. Seine erste Rolle spielte er dort in **THE BEST MAN**, gefolgt von **MUCH ADO ABOUT NOTHING, A CHRISTMAS CAROL** und einigen anderen. Seine letzte Rolle am Actor's Theater spielte er 1977 in dem Stück **DAS TAGEBUCH DER ANNE FRANK**. Danach ging es von Louisville über Seattle nach San Francisco, bevor er dann auf dem American Stage Festival in Milford/New Hampshire in vier Theaterstücken auftrat. Anschließend zog Harry nach Manhattan um, wo sich ihm bessere berufliche Möglichkeiten boten.
Im September 1978 heiratete Groener in Boston die Schauspielerin Dawn Didawick, die er an der PCPA kennengelernt hatte. Für die Flitterwochen lieh sich das junge Paar einen Wagen und fuhr damit nach New York, wo Harry weiterhin als Theaterschauspieler in Lohn stand. Seinen großen Durchbruch am Theater feierte er 1979 als Will Parker in dem Stück **OKLAHOMA**, für dessen Leistung er für den Tony Award (den Bühnen Oscar) nominiert wurde. Während der Tournee des Stückes musste Harry für die Mitwirkung in dem Robert Redford Film **BRUBAKER** eine Pause einlegen, denn die Rolle hatte er bereits vor seiner Mitwirkung bei **OKLAHOMA** angenommen. Diesen Film hält er auch heute noch für seine größte Erfahrung, denn er bot ihm die Möglichkeit zur Zusammenarbeit mit Robert Redford, was für ihn auch der größte Reiz daran war, diesen Film zu machen. Durch die Filmarbeit wurde Harry Groener auch zum ersten Mal der Unterschied zwischen der Theater- und Filmarbeit aufgezeigt. Während man bei einer Theaterproduktion jeden Abend voll konzentriert vor das Pub-likum tritt, kann man seine Aufmerksamkeit und Konzentration bei der Filmarbeit auf die Momente vor der Kamera beschränken, die von langen Pausen zwi-

schen den einzelnen Takes (Einstellungen) unterbrochen werden.

BRUBAKER sollte vorerst die einzige Filmarbeit von Harry Groener bleiben, der sich weiterhin auf den Theaterbühnen wohler fühlte. 1981 spielte Harry zusammen mit seiner Frau Dawn in den Stücken **A MIDSUMMER NIGHT`S DREAM** und **MACBETH** bei den Sherwood Shakespeare Festival in Oxnard/Kalifornien.

Während er für seine Arbeit bei **OKLAHOMA** „nur" eine Tony Nominierung erhielt, gewann er 1980 einen Drama Desk Award. Seine zweite Tony Award Nominierung erhielt er bereits zwei Jahre später für seine Mitwirkung in dem Musical **CATS**.

1987 zogen Harry und seine Frau nach Kalifornien, wo er eine Rolle in der Stammbesetzung der TV-Serie **DEAR JOHN** angeboten bekam. Groener hat nie ein Geheimnis daraus gemacht, dass ihm die Theaterarbeit immer mehr Spaß gemacht hat, als die Film- und Fernseharbeit. Aber er lebt auch nach dem Motto: Du musst dorthin gehen, wo die Arbeit ist.

Obwohl er bereits 1982 angefangen hatte, verstärkt in TV-Serien als Gaststar aufzutreten - **REMINGTON STEELE** (1982), **SPENCER** (1985), **MATLOCK** (1986) - war seine wohl bekannteste Serien-Rolle zu dieser Zeit die des Tam Elbrun in einer Folge von **STAR TREK: THE NEXT GENERATION**. Damals wie heute lebt Harry Groener abwechselnd in New York und Los Angeles, und pendelt immer zwischen Theater- und Fernseharbeit.

Mehr Aufsehen erregte er durch die Darstellung des Patrick Henry in der CBS Miniserie **GEORGE WASHINGTON** (1984). Im gleichen Jahr stand er wieder zusammen mit seiner Frau bei dem Stück **SCAPINO** auf der Bühne. Bis zum Jahr 1992, in dem Harry Groener für das Stück **CRAZY FOR YOU** seine dritte Tony Award Nominierung erhielt, spielte er vorwiegend Theater und übernahm neben seinem TV-Serien-Stammpart in **DEAR JOHN** nur gelegentlich Gastrollen in anderen Serien, wie **VER-RÜCKT NACH DIR (Originaltitel: Mad about You)** und **LAW & ORDER**.

Groener sieht sich in erster Linie als Theaterschauspieler und diese Tätigkeit hat bei ihm immer absoluten Vorrang, gegenüber jeder Film- oder Fernseharbeit. Er möchte solange in Musicals auftreten, wie es sein Körper ihm erlaubt. Irgendwann wird er die Leistung, die diese Art von Rollen erfordert, nicht mehr bringen können. Doch bis es soweit ist, will er noch viele davon spielen.

Als er 1999 das Angebot erhielt, in der TV-Serie **BUFFY** mitzuspielen, musste er nicht lange überlegen, denn ihm gefiel der Stil von Joss Whedons Drehbüchern. Auch die Arbeit an der Serie selbst hat ihm viel Spaß gemacht, wobei ihm besonders die freundschaftliche Art, mit der das Team arbeitet und die Leute miteinander umgehen, gefallen haben. Nicht zu vergessen den Spaß, den es am **BUFFY** Set gab.

Wie viele der wiederkehrenden Charaktere in der Serie, war Bürgermeister Wilkins nur für eine gewisse Anzahl von Auftritten eingeplant. Und wie bei vielen anderen zuvor, haben sich die Verantwortlichen zu einer Verlängerung entschlossen, nachdem sich die Thematik Wilkins-Faith gut in das Konzept der Serie einfügen ließ und dadurch mehrere Folgen gedreht werden konnten, in denen sich die Darsteller neuen Entwicklungsprozessen ausgesetzt sahen. Besonders gut ging das Konzept auf, als sich die Verpflichtungen von Wilkens durch das Auftauchen von Faith ändern und er eine Vaterrolle übernimmt, die ihn dann menschlicher erscheinen ließ, als man es bei einem Dämon sonst gewohnt war. Ohne Zweifel zählt Harry Groener als Bürgermeister Wilkins mit zu den herausragendsten Charakteren der Serie, deren wunderbare Interpretation man vermissen wird.

Vielleicht wird es ein Wiedersehen mit ihm geben, denn es finden auch wieder Charaktere in die Serie zurück, die man bereits vergessen hat. Und es ist leichter einen Dämon wieder zum Leben zu erwecken, als einen Menschen.

F i l m o g r a p h i e

F i l m e

1999	**Buddy Boy**	Rolle: Vater Gillespie
1998	**Patch Adams**	Rolle: Dr. Prack
	Dance with Me	Rolle: Michael
1997	**Amistad**	Rolle: Tecora Captain
1980	**Brubaker**	Rolle: Dr. Campbell

F e r n s e h e n

2000   **Buffy - Im Bann der Dämonen**
(Original: Buffy The Vampire Slayer)
4. Staffel
Rolle: Bürgermeister Richard Wilkins III
Folge: **Böses Erwachen**
(Original: This Year´s Girl)

1999   **Buffy - Im Bann der Dämonen**
(Original: Buffy The Vampire Slayer)
3. Staffel
Rolle in allen Folgen: Bürgermeister Richard Wilkins III
Folge: **Die Qual der Wahl**   (Original: Homecoming)
Folge: **Außer Rand und Band**   (Original: Band Candy)
Folge: **Liebe und andere Schwierigkeiten**   (Original: Lover´s Walk)
Folge: **Hänsel und Gretel**   (Original: Gingerbread)
Folge: **Der neue Wächter**   (Original: Bad Girls)

Folge: **Konsequenzen**		(Original: Consequences)
Folge: **Doppelgängerland**		(Original: Doppelgangland)
Folge: **Gefährliche Spiele**		(Original: Enemies)
Folge: **Die Box von Gavrock**		(Original: Choices)
Folge: **Das Blut der Jägerin**		(Original: Graduation Day, Part 1)
Folge: **Der Tag der Vergeltung**		(Original: Graduation Day, Part 2)
1991	**Dear John**	Rolle: Ralph Drang
1985	**Kane & Abel**	Rolle: Lowell Kane
1984	**George Washington**	Rolle: Patrick Henry

Marc Blucas (Riley Finn)

Riley Finn ist Student mit Fachrichtung Psychologie am Sunnydale College. Aber er ist nicht das, was er vorgibt zu sein. Er spielt die Rolle des typischen Durchschnitt-Studenten, obwohl er in Wirklichkeit Mitglied einer militärischen Organisation ist, die sich „Die Initiative" nennt. Riley arbeitet sehr eng mit Professor Maggie Walsh zusammen, die fast wie eine Mutter für ihn ist. Während er tagsüber ein ganz normaler Student auf dem Campus ist, verwandelt er sich nachts in einen unerschrockenen Dämonenjäger. Riley Finn schafft es auch, das Herz von Buffy zu erobern und mit ihr eine Beziehung einzugehen.

Gespielt wird Riley Finn von Marc Blucas. Er wurde am 11. Januar 1972 als Marcus Paul Blucas in Girard/ Pennsylvania, USA geboren. Während seiner Kindheit fühlte sich Marc sehr stark zum Sport, besonders zu Basketball und Football hingezogen. Ambitionen im Bereich Schauspiel hatte er zu dieser Zeit nie gehabt. Auch während seiner Schulzeit an der Girard High School, die er 1990 abschloss, gab es keine Berührungspunkte mit dem Theater oder dem Film- und Fernsehbereich. Stattdessen entwickelte sich Marc Blucas zu einem herausragenden Basketballspieler, der während der High School sein

© CHRISTINA RADISH

Team zu zwei Staatsmeisterschaften führte. Zuerst war er noch Quaterback im Football Team, entschied sich aber für Basketball, dem er fortan seine gesamte Aufmerksamkeit widmete. Sein Traumberuf während dieser Zeit war Profispieler in der NBC zu werden. Nach der

High School erhielt er ein Stipendium für die Wake Forest University in Winston-Salem/ North Carolina. Dort spielte er von 1990 bis 1994 im Team der Wake Forest Demon Deacons Basketball. Trotz seines Könnens wurde Marc Blucas nach dem College nicht in die NBC aufgenommen, was ein schwerer Schlag für ihn war, da er sein ganzes Leben auf dieses Ziel ausgerichtet hatte. Kurz entschlossen entschied er sich, stattdessen nach Europa zu gehen und in England für die Manchester Giants zu spielen. Dort blieb er ein Jahr lang, bevor er wieder in die USA zurückkehrte, um seine „neue" berufliche Karriere in Angriff zu nehmen. Er wollte nun Anwalt

werden, und wurde zur Aufnahmeprüfung eines Auswahlverfahrens zugelassen. Am Vorabend der Prüfung entschied er sich dann allerdings doch anders und fasste nun eine Schauspielkarriere ins Auge. Zuerst trat er 1996 in dem Film **EDDIE** an der Seite von Whoopi Goldberg als Basketballspieler auf. Bei diesem Film war er auch hinter den Kulissen als Berater für die Basketball Szenen zuständig. Im März 1996 gründete Marc unter dem Namen „Sports Prism International" ein eigenes Unternehmen, das Athleten hinsichtlich Vertragsverhandlungen und Sponsoring Angelegenheiten berät und unterstützt.

1998 wirkte Blucas in dem Film **PLEASANTVILLE** wieder vor und hinter der Kamera als Basketballspieler und Berater mit, und war auch bei einigen anderen Film- und Fernseharbeiten als technischer Berater in Sachen Basketball tätig.

Als er 1999 für die Rolle des Riley Finn in der TV-Serie **BUFFY - IM BANN DER DÄMONEN** vorsprach, hatte er nicht im Traum daran gedacht, die Rolle zu bekommen. Den Rückruf von den Produzenten mit der Zusage für die Rolle bezeichnet er im Nachhinein als ein unbeschreibliches Glücksgefühl. Marc Blucas ist Joss Whedon dankbar dafür, dass er ihm eine Chance gegeben hat, denn **BUFFY** stellt seine bis dahin größte und längste Fernseharbeit dar. Aber er gibt auch unumwunden zu, dass es anfangs schwer war, die Fans zu überzeugen.

Die Lücke, die Angel hinterlassen hatte, war nicht leicht zu fühlen. Nach einigen Charakteränderungen wurde seine Rolle schließlich doch von den Fans akzeptiert und Marc freut sich darauf, auch in der 5. Staffel wieder an der Seite von Buffy auftauchen zu dürfen.

Marc Blucas glaubt daran, dass sich harte Arbeit am Ende immer auszahlt und das es für alles einen Grund gibt. Es ist manchmal schwer eine Chance zu bekommen, aber was man dann daraus macht, liegt an einem selbst. Joss Whedon hat im die Chance gegeben, ein Fernsehstar zu werden, und Marc hat die Chance ergriffen. Lohn der harten Arbeit war jedoch, dass Riley Finn zu einem beliebten Charakter der Serie wurde, der Angel zwar nicht ersetzen kann, aber für Abwechslung gesorgt hat.

Filmographie (Auswahl)

Filme

1998   **Pleasantville**
Rolle: Basketballspieler

1996   **Eddie**
Rolle: Bench Knicks

Fernsehen

2001   **Buffy - Im Bann der Dämonen**
(Original: Buffy The Vampire Slayer)
5. Staffel

2000   **Buffy - Im Bann der Dämonen**
(Original: Buffy The Vampire Slayer)
4. Staffel
Rolle in allen Folgen: Riley Finn
Folge: **Frischlinge**
(Original: The Freshman)
Stammbesetzung ab Folge 4.04

1999   **The Mating Habits of the Earthbound Human**
Rolle: Freund

The 60´s
Rolle: Buddy Wells

DARSTELLER VERZEICHNIS

(Hinweis: Dieses Verzeichnis wurde auf Grundlage der US-Versionen der Serie erstellt. Es sind nur Darsteller mit Rollennamen aufgeführt. Das Verzeichnis erhebt keinen Anspruch auf Vollständigkeit!)

Erklärung der Nummerierung am Beispiel 2.03
2 = Nummer der Staffel / 03 = Nummer der Folge innerhalb dieser Staffel / es handelt sich hier also um die 3. Folge der 2. Staffel

Name des Darsteller	Folge	Rolle	Titel der Folge
➡ A			
Alan Abelew	2.03	Brian Kirsh	Elternabend mit Hindernissen
Nathan Anderson	3.09	John Lee	Was wäre wenn
Paulo Andres	3.22	Dr. Powell	Der Tag der Vergeltung
Mark Ankeny	4.08	Dean Guerrero	Der Geist Quamash
Robert Arce	3.18	Mr. Beach	Fremde Gedanken
➡ B			
Todd Babcock	2.05	Tom	Der Geheimbund
Michael Bacall	2.02	Eric	Operation Cordelia
Larry Bagby III	2.06	Larry	Die Nacht der Verwandlung
	2.15	Larry	Der Werwolfjäger
	3.01	Larry	Anne
	3.09	Larry	Was wäre wenn
	3.18	Larry	Fremde Gedanken
	3.22	Larry	Der Tag der Vergeltung
Eion Bailey	1.06	Kyle	Das Lied der Hyänen
Pedro Balmaceda	4.01	Eddie	Frischlinge
Jordan Baker	3.11	Sheila Rosenberg	Hänsel und Gretel
Eric Balfour	1.01	Jesse	Das Zentrum des Bösen
	1.02	Jesse	Die Zeit der Ernte
Shane Barach	3.10	Daniel	Heimsuchungen
Jason Behr	2.07	Ford	Todessehnsucht
Tom Bellin	3.22	Dr. Gold	Der Tag der Vergeltung
Cameron Bender	4.05	Stoner	Das Bier der bösen Denkungsart
Ryan Bittle	1.11	Mitch	Aus den Augen, aus dem Sinn
Dean Butler	1.10	Hank Summers	Die Macht der Träume
	2.01	Hank Summers	Im Bann des Bösen
➡ C			
Terry Cain	1.10	Ms. Tishler	Die Macht der Träume
Krissy Carlson	1.09	Emily	Buffy lässt die Puppen tanzen
Robert Catrini	4.01	Prof. Riegert	Frischlinge
Ara Celi	2.04	Ampata	Das Geheimnis der Mumie
Bailey Chase	4.07	Graham Miller	Die Initiative
	4.08	Graham Miller	Der Geist Quamash
	4.11	Graham Miller	Das Opfer der Drei
	4.13	Graham Miller	Schein und Sein
	4.14	Graham Miller	Die Kampfmaschine
	4.15	Graham Miller	Böses Erwachen
	4.17	Graham Miller	Jonathan
Jennie Chester	2.16	Kate	Der Liebeszauber
Christian Clemenson	3.14	Balthazar	Der neue Wächter
Wendy Clifford	3.14	Mrs. Taggert	Der neue Wächter
Jack Conley	2.15	Cain	Der Werwolfjäger

Chanie Costello	4.17	Inga	Jonathan
Julie Costello	4.17	Ilsa	Jonathan
Joey Crawford	2.04	Rodney	Das Geheimnis der Mumie
Lindsay Crouse	4.01	Prof. Maggie Walsh	Frischlinge
	4.04	Prof. Maggie Walsh	Dämon der Angst
	4.05	Prof. Maggie Walsh	Das Bier der bösen Denkungsart
	4.06	Prof. Maggie Walsh	Wilde Herzen
	4.07	Prof. Maggie Walsh	Die Initiative
	4.10	Prof. Maggie Walsh	Das große Schweigen
	4.12	Prof. Maggie Walsh	Metamorphosen
	4.13	Prof. Maggie Walsh	Schein und Sein
Michael Cudlitz	3.13	Bob	Die Nacht der lebenden Leichen
Bryan Cuprill	4.05	Roy	Das Bier der bösen Denkungsart
	4.18	Roy	Die Unersättlichen
Charles Cyphers	2.20	Coach Marin	Das Geheimnis der Fischmonster

➡ D

Christopher Dahlberg	2.05	Tackle	Der Geheimbund
Neil Daly	4.18	Mason	Die Unersättlichen
Jermyn Daube	3.05	Frederick	Die Qual der Wahl
Joseph Daube	3.05	Hans	Die Qual der Wahl
Jim Doughan	1.03	Mr. Pole	Verhext
Robin Atkin Downes	2.05	Machida	Der Geheimbund
Denise Dowse	1.11	Ms. Miller	Aus den Augen aus dem Sinn
Andrew Ducote	2.18	Ryan	Der unsichtbare Tod
Alastair Duncan	4.15	Collins	Böses Erwachen
	4.16	Collins	Im Körper des Feindes
Clea DuVall	1.11	Marcie Ross	Aus den Augen aus dem Sinn
Whitney Dylan	3.13	Lysette	Die Nacht der lebenden Leichen

➡ E

Damien Eckhardt	3.20	Jack Mayhew	Der Höllenhund
Ethan Erickson	3.16	Percy West	Doppelgängerland
	3.18	Percy West	Fremde Gedanken
	3.21	Percy West	Das Blut der Jägerin
	3.22	Percy West	Der Tag der Vergeltung
	4.11	Percy West	Das Opfer der Drei

➡ F

Andrew J. Ferchland	1.05	Der Auserwählte	Ohne Buffy lebt sich´s länger
	1.07	Der Auserwählte	Angel - Blutige Küsse
	1.10	Der Auserwählte	Die Macht der Träume
	1.12	Der Auserwählte	Das Ende der Welt
	2.01	Der Auserwählte	Im Bann des Bösen
	2.03	Der Auserwählte	Elternabend mit Hindernissen
Fab Filippo	3.03	Scott Hope	Neue Freunde, neue Feinde
	3.04	Scott Hope	Dr. Jekyll und Mr. Hyde
	3.05	Scott Hope	Die Qual der Wahl
Bob Fimiani	4.20	Mr. Ward	The Yoko Factor
	4.21	Mr. Ward	Das letzte Gefecht
Miriam Flynn	2.19	Ms. Frank	Ein Dämon namens Liebe
Jeremy Foley	1.10	Billy Palmer	Die Macht der Träume
K. Todd Freeman	3.03	Mr. Trick	Neue Freunde, neue Feinde
	3.05	Mr. Trick	Die Qual der Wahl
	3.06	Mr. Trick	Außer Rand und Band
	3.14	Mr. Trick	Der neue Wächter
	3.15	Mr. Trick	Konsequenzen
Bonita Friedericy	3.19	Mrs. Finkler	Die Box von Gavrock
	3.20	Mrs. Finkler	Der Höllenhund

	2.17	Jonathan	Das Jenseits läßt grüßen
	2.20	Jonathan	Das Geheimnis der Fischmonster
	3.02	Jonathan	Die Nacht der lebenden Toten
	3.05	Jonathan	Die Qual der Wahl
	3.09	Jonathan	Was wäre wenn
	3.18	Jonathan	Fremde Gedanken
	3.20	Jonathan	Der Höllenhund
	3.22	Jonathan	Der Tag der Vergeltung
	4.17	Jonathan	Jonathan

Kristine Sutherland 1. Staffel in den Folgen 1.01 / 1.02 / 1.03 / 1.07 / 1.09 / 1.10 / 1.12
2. Staffel in den Folgen 2.01 / 2.03 / 2.04 / 2.11 / 2.12 / 2.13 / 2.14
2.16 / 2.17 / 2.18 / 2.21
3. Staffel in den Folgen 3.01 / 3.02 / 3.03 / 3.06 / 3.08 / 3.10 / 3.11
3.12 / 3.14 / 3.15 / 3.17 / 3.18 / 3.19 / 3.20 / 3.21
4. Staffel in den Folgen 4.01 / 4.04 / 4.15 / 4.16

| Blake Swendson | 3.11 | Michael | Hänsel und Gretel |

➡ T

Ryan Taszreak	2.19	Ben	Ein Dämon namens Liebe
Serena Scott Thomas	3.07	Gwendolyn Post	Der Handschuh von Myhnegon
Brian Thompson	1.01	Luke	Das Zentrum des Bösen
	1.02	Luke	Die Zeit der Ernte
	2.13	Der Richter	Der Fluch der Zigeuner
	2.14	Der Richter	Der gefallene Engel
Ken Thorley	2.11	Neal	Ted
Chad Todhunter	3.01	Rickie	Anne
Alex Toma	3.01	Aaron	Anne
Scott Torrence	3.13	Dickie	Die Nacht der lebenden Leichen
Katharine Towne	4.01	Sunday	Frischlinge

➡ U/V

Andy Umberger	3.16	D´Hoffryn	Doppelgängerland
	4.09	D`Hoffryn	Mein Wille geschehe
Justin Urich	1.10	Wendel	Die Macht der Träume
Musetta Vander	1.04	Natalie French	Die Gottesanbeterin
Greg Vaughn	2.05	Richard	Der Geheimbund
Jordi Vilasuso	4.21	Dixon	Das letzte Gefecht
William Vogt	4.08	Jamie	Der Geist Quamash

➡ WX

Wendy Way	2.08	Dierdre	Das Mal des Eyghon
Danielle Weeks	3.04	Debbie	Dr. Jekyll und Mr. Hyde
Richard Werner	1.09	Morgan	Buffy lässt die Puppen tanzen
Shane West	2.20	Sean	Das Geheimnis der Fischmonster
Barbara Whinnery	1.06	Mrs Anderson	Das Lied der Hyänen
Gregory White	1.06	Trainer Herold	Das Lied der Hyänen
John Patrick White	3.04	Pete	Dr. Jekyll und Mr. Hyde
Christopher Wiehl	1.05	Owen	Ohne Buffy lebt sich´s länger
Spice Williams	2.09	Patrice	Die Rivalin
Sulo Williams	4.04	Chaz	Dämon der Angst
Jeff Wilson	4.18	Evan	Die Unersättlichen
Kristen Winnicki	2.04	Gwen	Das Geheimnis der Mumie
	2.16	Cordette	Der Liebeszauber

➡ Y/Z

| Harris Yulin | 3.12 | Quentin Travers | Die Reifeprüfung |
| Rick Zieff | 2.12 | Mr Whitmore | Faule Eier |

Übersicht der einzelnen Folgen innerhalb der Staffeln, die als Grundlage für dieses Verzeichnis dienten.

1. Staffel (1997)

1.01	Das Zentrum des Bösen	Welcome to the Hellmouth (Part 1)
1.02	Die Zeit der Ernte	The Harvest (Part 2)
1.03	Verhext	The Witch
1.04	Die Gottesanbeterin	Teacher´s Pet
1.05	Ohne Buffy lebt sich´s länger	Never Kill a Boy on the First Date
1.06	Das Lied der Hyänen	The Pack
1.07	Angel - Blutige Küsse	Angel
1.08	Computerdämon	I, Robot - You, Jane
1.09	Buffy lässt die Puppen tanzen	The Puppet Show
1.10	Die Macht der Träume	Nightmares
1.11	Aus den Augen, aus dem Sinn	Invisible Girl
1.12	Das Ende der Welt	Prophecy Girl

2. Staffel (1998)

2.01	Im Bann des Bösen	When She was Bad
2.02	Operation Cordelia	Some Assembly Required
2.03	Elternabend mit Hindernissen	School Hard
2.04	Das Geheimnis der Mumie	Inca Mummy Girl
2.05	Der Geheimbund	Reptile Boy
2.06	Die Nacht der Verwandlung	Halloween
2.07	Todessehnsucht	Lie to Me
2.08	Das Mal des Eyghon	The Dark Age
2.09	Die Rivalin	What My Line? (Part 1)
2.10	Das Ritual	What My Line? (Part 2)
2.11	Ted	Ted
2.12	Faule Eier	Bad Eggs
2.13	Der Fluch der Zigeuner	Surprise (Part 1)
2.14	Der gefallene Engel	Innocence (Part 2)
2.15	Der Werwolfjäger	Phases
2.16	Der Liebeszauber	Bewitched, Bothered and Bewildered
2.17	Das Jenseits lässt grüßen	Passion
2.18	Der unsichtbare Tod	Killed by Death
2.19	Ein Dämon namens Liebe	I Only Have Eyes for You
2.20	Das Geheimnis der Fischmonster	Go Fish
2.21	Wendepunkte	Becoming (Part 1)
2.22	Spiel mit dem Feuer	Becoming (Part 2)

3. Staffel (1999)

3.01	Anne	Anne
3.02	Die Nacht der lebenden Toten	Dead Man´s Party
3.03	Neue Freunde, neue Feinde	Faith, Hope & Trick
3.04	Dr. Jekyll und Mr. Hyde	Beauty and the Beasts
3.05	Die Qual der Wahl	Homecoming
3.06	Außer Rand und Band	Band Candy
3.07	Der Handschuh von Myhnegon	Revelations
3.08	Liebe und andere Schwierigkeiten	Lover´s Walk
3.09	Was wäre wenn	The Wish
3.10	Heimsuchungen	Amends
3.11	Hänsel und Gretel	Gingerbread
3.12	Die Reifeprüfung	Helpless

3.13	Die Nacht der lebenden Leichen	The Zeppo
3.14	Der neue Wächter	Bad Girls (Part 1)
3.15	Konsequenzen	Consequences (Part 2)
3.16	Doppelgängerland	Doppelgangland
3.17	Gefährliche Spiele	Enemies
3.18	Fremde Gedanken	Earshot
3.19	Die Box von Gavrock	Choices
3.20	Der Höllenhund	The Prom
3.21	Das Blut der Jägerin	Graduation Day (Part 1)
3.22	Der Tag der Vergeltung	Graduation Day (Part 2)

4. Staffel (2000) - Deutsche Titel Stand September 2000

4.01	Frischlinge	The Freshman
4.02	(K)eine Menschenseele	Living Conditions
4.03	Der Stein von Amara	The Harsh Light of Day
4.04	Dämon der Angst	Fear, Itself
4.05	Das Bier der bösen Denkungsart	Beer Bad
4.06	Wilde Herzen	Wild at Heart
4.07	Die Initiative	The Initiative
4.08	Der Geist Quamash	Pangs
4.09	Mein Wille geschehe	Something Blue
4.10	Das große Schweigen	Hush
4.11	Das Opfer der Drei	Doomed
4.12	Metamorphosen	A New Man
4.13	Schein und Sein	The I in Team
4.14	Die Kampfmaschine	Goodbye Iowa
4.15	Böses Erwachen	This Year´s Girl (Part 1)
4.16	Im Körper des Feindes	Who Are You (Part 2)
4.17	Jonathan	Superstar
4.18	Die Unersättlichen	Where the Wild Things Are
4.19	Abschiede	New Moon Rising
4.20	The Yoko Factor	The Yoko Factor
4.21	Das letzte Gefecht	Primeval
4.22	Jedem sein Alptraum	Restless

Im Action Media Verlag erscheinen folgende Buchserien
und Einzeltitel:
Alle Titel im Format DIN A5, Hardcover, gebunden, Preis DM 29,80

NEU im Dezember 2000
Buchreihe - Teen Superstars
Band 1
Sarah Michelle Gellar
Format DIN A5, Hardcover, gebunden, 250 Seiten mit
über 150 Bildern, komplett in Farbe
ISBN 3-928871-21-8, Preis DM 29,80

Buchreihe - Eastern Collection
Band 1
Chuck Norris und seine Filme / 2. Auflage
ISBN 3-928871-27-7, (℗ Frühjahr 2001)

Band 2
Cynthia Rothrock und ihre Filme
ISBN 3-928871-07-2, (℗ Herbst 2001)

Band 3
Das Lee Imperium
ISBN 3-928871-10-2, (℗ Sommer 2001)

Band 4
Jet Li und seine Filme
ISBN 3-928871- 13-7, (℗ Sommer 2001)

Buchreihe - Action Heros
Band 1
Steven Seagal und seine Filme
ISBN 3-928871-12-9, (℗ Sommer 2001)

Band 2
Charles Bronson - Die Legende
ISBN 3-928871-19-6, (℗ Frühjahr 2001)

Buchreihe - Glamour Girls
Band 1
Alicia Silverstone
ISBN 3-928871-14-5, (℗ Frühjahr 2001)

Band 2
Alyssa Milano
ISBN 3-928871-15-3, (℗ Sommer 2001)

Band 3
Drew Barrymore
ISBN 3-928871-16-1, (℗ Herbst 2001)

Buchreihe - Teen Superstars
Band 2
Katie Holmes
ISBN 3-928871-22-6, (℗ Frühjahr 2001)

Buchreihe - Black Cinema
Band 1
Wesley Snipes
ISBN 3-928871-18-8, (℗ Winter 2001)

Unsere Titel sind über den Buchhandel zu beziehen

ACTION MEDIA VERLAG c/o ACTION MEDIA GROUP
Postfach 11 48, D-87571 Kaufbeuren, GERMANY
Telefon 0 83 41 / 7 38 94
Telefax 0 83 41 / 871 872
E-Mail info@action-media-group.com
Internet http://www.action-media-group.com

Sehr verehrte Leser,

wir danken Ihnen für den Kauf dieses Buches und hoffen,
dass es Ihnen gefallen hat und Sie es Ihren Freunden und
Bekannten weiterempfehlen.

Der Verlag und auch die Autoren weisen nochmals
ausdrücklich darauf hin, dass dieses Buch
weder in Zusammenarbeit mit den Darstellern der Serie,
noch den Produzenten und 20th Century Fox entstand.
Aus diesem Grund war es auch nicht möglich,
das Buch umfangreicher mit Bildmaterial auszustatten.

Wir bitten unsere Leser auch dafür um Verständnis,
dass die Darsteller der Serie **BUFFY** einen Anspruch auf
Privatsphäre haben, weshalb nicht alle bekannten Details
in dieses Buch aufgenommen wurden.

Die Autoren haben den Background des Buches
gründlich recherchiert, doch kann niemand
von sich behaupten, alles zu wissen.
Sollten sich in diesem Buch Fehler - gleich welcher Art -
eingeschlichen haben, so würden sich die Autoren freuen,
wenn Sie ihnen diese mitteilen.

Action Media Verlag
c/o Action Media Group
Stichwort: Autoren BUFFY
Postfach 11 48
D-87571 Kaufbeuren